U0031879

新刊 金剛經百家集註大成

明成祖永樂皇帝◉集註
巴麥欽哲仁波切・黃英傑博士◉導讀
商周編輯部◉語譯註釋

修學《金剛經》案頭必備經典，
附白話語譯註釋及金剛經中文對照。

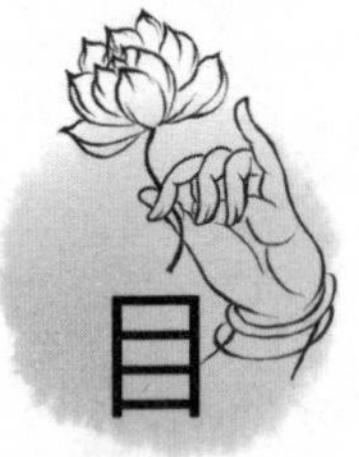

目錄

導讀

—導讀—

超越時代與宗教性的《金剛經》

巴麥欽哲仁波切・黃英傑博士

南宋楊圭在一二三一年收錄、編輯《金剛經》釋義四卷，並為之作序，題為《金剛經集解》（又名《金剛經十七家註》）。明朝洪蓮汲將該書收入《金剛經註解》四卷，以《金剛經五十三家註》刊名於世。之後，明成祖永樂皇帝朱棣（1360-1424）以姚秦的鳩摩羅什所譯為底本，「摒除五十三家本中傳為梁昭明太子所作三十二分目，略減註者數家，而益以三十餘種經文或註文，寫成一卷」，成為《金剛經百家集註大成》，又稱《明永樂內府刻本金剛經集註》（簡稱《金剛經集註》）。

本書《新刊金剛經百家集註大成》就是據明永樂刻本，重新標點編輯之作。

《金剛經》六種漢譯本與其影響

《金剛經》是佛陀在《大般若經》十六會之第九會所說，全文僅約五千餘字，卻是承上啟下、言簡意賅的般若綱要，經藏分類隸屬於般若部。自公元四世紀至八世紀間，《金剛經》在漢地流傳計有姚秦的鳩摩羅什（Kumārajīva, 334-413）、北魏的菩提流支（Bodhiruci, 500?-600?）、陳朝的真諦（Kulanatha, Paramartha, 498-569）、隋朝的達磨笈多（Dharmagupta, ?-619）和唐的玄奘（602-664）與義淨（635-713）等六種漢譯本並傳迄今。

這些譯者中，鳩摩羅什是西域龜茲人、菩提流支是北印度人、真諦是西北印度人、達磨笈多是南印度人，由此足以見證該經傳入漢地以前，於印度與中亞流布，縱橫時、空維度之廣大。

漢譯六本的題目與文字粗有異同，若涉學派，最為通行的鳩摩羅什本，譯筆完全援用中觀派立場，其他譯本則多少受到瑜伽行派觀點的影響。無獨有偶，《金剛經》的印度釋論中也有這種差異性，例如唐朝的地婆訶羅（Divakara, 613-668）所譯的《破取著不壞假名論》，便是中觀派功德施所作，而菩提流支所譯《金剛般若波羅蜜經論》、《金剛仙論》，則是瑜伽行派無著、世親所造。

據說《金剛經》從漢到唐，解註已多達八百餘家，有僧肇（384-414?）、智顗（538-597）、吉藏（549-623）、智儼（602-668）、窺基（632-682）、宗密（780-841）等，分屬三論、天台、華嚴、唯識之教下諸派著名論師註釋的盛況。宗門則有禪宗五祖弘忍（601-675）勸進弟子一心受持本經，六祖慧能（638-713）更藉此悟入自性般若，在過去禪宗以《楞伽經》印證的楞伽宗般若思想基礎上，開衍出別具特色的南宗頓禪，留下有《金剛經口訣》一書。足見《金剛經》的影響力在漢傳佛教是不論教內、教外，不分僧、俗，並且縱貫古今、橫遍八方。歷來高僧大德證明自己佛學素養與修證成就的方法之一，就是註解本經。

《金剛經百家集註》的特色與思想骨幹

明成祖永樂皇帝在位初期，即御令編修道藏，又傾力完成中國第二部與第三部官刻漢文《大藏經》——《永樂南藏》與《永樂北藏》的雕版印梓。這位文韜武略功垂千古的傑出皇帝，同時訪購古今圖書，廣收自先秦至明初各類圖書達七、八千種，於一四〇八年完編《永樂大典》。而這本《明永樂內府刻本金剛經集註》，篇幅達七萬一千九百一十八字，加上籤目、原序、新序，共計八萬零四十六字。不但宗門、教下註釋兼容，並及於僊遊翁集英、逍遙翁、沖應真人周史卿等道家的註釋。然兼收之各道家註釋，多只出現一、兩次，分量上仍是微薄。

據筆者統計，本書約收入八十餘家言，以百數稱號。扣除引用的二十幾種佛教經論與老子《道德經》，實際收錄僅及六十家。在佛門解家方面，本書編者永樂皇帝，特別偏好宋朝李文會（1100-1165）的解釋，引用多達一五一次，川禪師之說一〇八次居次，王日休（?-1173）所言出現九五次，梁朝傅大士（497-569）也有七二次。這四家註可以說是百家集註的骨幹。

其中，李文會是在一一四四年底被貶，後謫居江州時潛心研究佛學，有系統的對《金剛經》進行了註解，並撰寫出《三教通論》。川禪師是南宋臨濟僧人冶父道川禪師的簡稱，生卒年不詳（僅知一一二七年受具足戒）。龍舒居士王日休則是少年專心儒學，後專修淨土……

從這四大家背景來看，本書隱約有宋明以降儒釋道「三教合流」的思想傾向。

《金剛經》的影響力超越宗教性

漢傳佛教以外，永樂皇帝也十分熱衷藏傳佛教，曾邀請許多西藏大師赴京，從噶瑪舉派（Karma Kagyu）領袖——第五世噶瑪巴．德新謝巴（5th Karmapa Deshin Shekpa, 1340-1383）領受無量壽佛等灌頂，實修「那洛六法」；將始自元世祖忽必烈（1215-1294）賜封薩迦五祖．八思巴（Phagspa, 1235-1280）的「大寶法王」一銜改予噶瑪巴；並遣使到西藏取得最早的十三世紀奈塘古版寫本甘珠爾部（經藏與律藏），於一四一〇年複刻稱為《番藏》，成為中國第一部木刻版藏文《大藏經》。

藏傳佛教傳統上將《般若經》分類為「六部母般若，十一部子般若」，《金剛經》屬於子般若中的一種，只有一種藏譯本，名稱為《聖般若波羅蜜多金剛能斷大乘經》，別稱《三百頌般若》，版本上接近義淨的漢譯本。

八世紀前譯期的《登迦目錄》中，便列有由梵譯藏的十六種《般若十萬頌》等大小經典及五十二種註釋。十一世紀新譯派時期，有大譯師仁欽桑波（Lochen Rinchen Zangpo, 958-1055）、俄譯師羅登謝拉（Ngok Lotsawa Loden Sherab, 1059-1109）、印度大師阿底峽（Atiśa, 982-1054）及其弟子種敦巴（Dromtonpa, 1005-1064），翻譯、校訂、廣弘般若經論，撰述多種般若釋論。

此後，談論《般若經》明白顯說之空性與緣起的中觀學，以及隱藏其中之五道十地修行理論的般若學，成為藏地各派佛學院必修的核心科目。時至今日，如第三世宗薩蔣揚欽哲仁波切（3rd Dzongsar Jamyang Khyentse, 1961-）、堪布索達吉（Khenpo Sodargye, 1962-）等藏地上師，曾用英文與中文傳講《金剛經》，後者用的還是鳩摩羅什漢譯本。

佛教經院教育側重之，高僧碩德潛心研究弘揚之，《金剛經》亦備受佛外儒道知識份子、文人墨客推崇，乃至普遍流傳及於道教與民間信仰。甚至當今之世如新時代（New Age）奧修（Osho, 1931-1990）等，也曾讚揚與講釋本經，即便任意裁減、未盡佛理，卻也顯示出《金剛經》超越一切宗教性，並含括一切宗教性的甚深、廣大內涵。

《金剛經》在漢傳佛教中的傳揚與影響

雖然《金剛經》有云：「若以色見我，以音聲求我，是人行邪道，不能見如來。」但本經卻也是古今最多佛子書寫、受持、讀誦、註釋的佛典之一。歷來印、漢、藏佛教徒的《金剛經》感應不斷，因此漢藏皆輯有多種金剛經感應錄。對大多數信徒來說，唸誦《金剛經》是簡單易行的佛事，所得功德卻不可思議，不但能增福慧、消業障、治諸病，滿足各階層俗世的願求，還可出生死、報佛恩、度眾生、生起堅信之心。漢傳佛教更衍生以《金剛經》為思想主導的佛教懺儀，如梁武帝蕭衍（464-549）的《金剛般若懺文》、唐姚和尚的《金剛五禮》（又名《金剛五禮文》、《金光五禮》或《金光五禮贊》）、遼朝通理大師（1048-1098）集的《金剛禮》，以及現流傳於南方，作者佚名的《慈悲金剛寶懺》等，都是以《金剛經》作為造懺的根本依據佛典。

唐朝德山宣鑒禪師（782-865），少年學北宗禪，著作《青龍疏鈔》，講解《金剛經》義，被稱為「周金剛」，自稱：「一毛吞海，海性無虧。纖芥投鋒，鋒利不動。

學與無學，唯我知焉。」後拜龍潭崇信，在禪師引領下悟道，體會南禪本意，焚燒疏鈔。此後德山以棒接眾，傳稱「道得也三十棒，道不得也三十棒」！頗有「法尚應捨，何況非法」之風。但在懺法與禪宗藉以印心之外，歷代漢傳佛教卻未見以《金剛經》形成具體的般若修持法。

但在懺法與禪宗藉以印心、指示般若見地之外，《金剛經》還有策勵大眾進修「應無所住而生其心」、「應如是住，如是降伏其心」之深觀以自利，行「一切有為法，如夢幻泡影，如露亦如電」之夢中佛事，「以無我、無人、無眾生、無壽者，修一切善法」而利他，體證「無有少法可得」之阿耨多羅三藐三菩提果德之妙用。此等般若修證訣竅與傳規，至今於藏傳佛教仍傳持未絕。

《金剛經》在藏傳佛教中的傳揚與影響

禪宗東土初祖菩提達摩（Bodhidharma, ?-535），曾在幾百年間多次應化印藏，其中之一是十一世紀的印度大師——帕．當巴桑傑（Pha Dampa Sangye, ?-1117），他與西藏女性成就者瑪紀拉准（Machig Labdron, 1055-1129）分別傳下以般若為主要修法的宗派：息結或希解（Zhije）、覺域（Chod）。

息結意為「能寂」，依靠對般若性空的認識，對治我執煩惱，息滅一切苦惱及其根源而獲解脫；覺域意為「斷境」，意即斷除煩惱。一切煩惱是起惑造業之源，故以菩提心斷自利的所想境，以空性見斷輪迴的所執境，以共道斷除四魔幻境。故此二者皆係以法門功德為教派名稱。

時至今日，息結與覺域雖未以單一教派的形式存在，然其教法已普遍融於藏傳佛教各派中。從十二世紀衛藏的直貢噶舉派（Drikung Kagyu）初祖吉天頌恭（Jigten Sumgon, 1143-1217），到十三、四世紀噶瑪噶舉派第三世噶瑪巴。讓炯多傑（3rd Karmapa Rangjung Dorje, 1284-1339）、十五世紀康區蘇曼噶舉（Surmang Kagyu），十七世紀覺囊派（Jonangpa）多羅那他（Taranata, 1575-1634），十八世紀寧瑪派仁增．吉美林巴（Rigdzin Jigme Lingpa, 1729-1798）等，都對《般若經》人無我與法無我見地的實修口訣——斷法的傳揚作出貢獻。

第一世蔣貢康楚．羅卓泰耶（Jamgon Kongtrul Lodro Taye, 1813-1899）在《知識寶藏》中說：「斷法就是《般若經》中『如是行般若波羅蜜多』的實踐。」上一世巴麥欽哲．昆桑種都（Palme Khyentse Kunzang Drodul, 1897-1945）更曾於無戲勝義瑜珈境界中，為利他故寫下「斷境證三身密意義之高歌」的法教，直指「外清淨八識，內證悟無我」，用無我智慧斷除外、內、密一切魔障，圓滿獲證法、報、化三身的般若修證真義。

《金剛經》以修證為要

鳩摩羅什可說是本經最著名的漢譯者，圓寂前曾言：「若我所譯經典，合乎佛意，願我死後，荼毗時，舌根不壞。」一火化時，果然薪滅形碎，唯舌不燼，弟子收其舍利，建造純玉石的完整一體舍利塔以滋紀念。

筆者昔日曾參訪羅什駐錫、翻譯之長安草堂寺，在舍利塔及舌燦蓮花井聖蹟前，感通經文「凡所有相，皆是虛妄。若見諸相非相，則見如來」之真空妙有瑞兆，今日為文導讀，也有伏線千里的因緣。願深體《金剛經》中「所言法相者，如來說即非法相，是名法相」諸智者，以成就無量無邊、第一希有功德故，福慧等善緣具足，速得值遇傳承清淨之具德師資，領受、實修此等殊勝妙法，悟無生法忍，彼時以「一切賢聖，皆以無為法而有差別」故，法筏捨與不捨皆無礙矣。

敬書於空行海會

二〇一五年五月四日

新刊金剛經百家集註大成

御製《金剛般若波羅蜜經集註》序

朕惟佛道弘深，精蜜神妙，感通以慈悲利物，以智慧覺人，超萬有而獨尊，歷曠劫而不壞，先天地而不見其始，後天地而不見其終，觀之《金剛般若波羅蜜經》蓋可見矣。是經也，發三乘之奧旨，啟萬法之玄微，論不空之空，見無相之相，指明虛妄，即夢幻泡影而可知。推極根原，於我人眾壽而可見，誠諸佛傳心之祕，大乘闡道之宗，而群生明心見性之機括也。夫一心之源，本自清淨，心隨境轉，妄念即生，如大虛起雲輒成障翳，如寶鏡蒙塵隨韞光彩，由此逐緣而墮幻，安能返妄以歸真。惟如來以無上正等正覺，發慈悲至願，憫凡世之沉迷，念眾生之冥昧，為說此經，大開方便，俾解粘而釋縛，咸滌垢以離塵，出生死途，登菩提岸，轉癡迷為智慧，去昏暗即光明，是經之功德廣矣、大矣。雖然法由心得，非經無以寓夫法；經以人傳，非言無以著夫經。爰自唐宋以來，註釋是經者無慮數十百家，雖眾說悉加於剖析，而群言莫克於折衷，朕夙欽大覺，仰慕真如，間閱諸編，選其至精至要經旨弗違者，重加纂輯。特命鋟梓，用廣流傳，俾真言洞徹、祕義昭融，見之者如仰日月於中天，悟之者若探寶珠於滄海，豈不快哉，豈不偉哉！嗚呼，善人良士果能勤誠修習，虔禮受持，緣經以求法，因法以悟覺，即得滅無量罪愆，即得獲最勝福田，果證人天，永臻快樂，功德所及，奚有涯涘哉。謹書為序，以示將來。

永樂二十一年四月十七日

金剛般若波羅蜜經

姚秦三藏鳩摩羅什奉詔譯

集註

【僊遊翁集英曰】金剛者，金中精堅者也。剛生金中，百煉不銷，取此堅利，能斷壞萬物。五金皆謂之金，凡止言金者謂鐵也。此言金剛，乃若刀劍之有鋼鐵耳，譬如智慧，能斷絕貪瞋癡一切顛倒之見。般若者，梵語（梵語者，西方之語也），唐言智慧（唐言者，中國之言也）。性體虛融，照用自在，故云般若。梵語波羅蜜，唐言到彼岸。欲到彼岸，須憑般若。此岸者，乃眾生作業受苦生死輪迴之地；彼岸者，謂諸佛菩薩究竟超脫清淨安樂之地。凡夫即此岸，佛道即彼岸；一念惡即此岸，一念善即彼岸。六道如苦海（六道者，天、人、阿修羅、地獄、餓鬼、畜生），無舟而不能渡。以般若六度為舟航（度與渡同，六度見此後陳雄解），渡六道之苦海。又西方俗語「凡作事了辦，皆言到彼岸」。經者，徑也，此經乃學佛之徑路也。

【沖應真人周史卿】作楊亞夫真讚解云：「鐵之為物，其生在礦，其成為鐵，性剛而體不變，火王而器乃成，佛之所以喻金剛也。」又因其兄看《圓覺經》，以書示之曰：「古人有云：『青青翠竹，總是真如，鬱鬱黃花，無非般若』。」真如與翠竹一體，蓋無色聲香味觸法也；（六塵）般若與黃花一類，蓋無見聞覺知也。

【陳雄曰】波羅蜜有六，或布施（度慳貪）、或持戒（度邪淫）、或忍辱（度瞋恚）、或精進（度懈退）、或禪定（度散亂），各占六度之一。唯一般若能生八萬四千智慧，則六度兼該，萬行俱備。是故如來以智慧力，鑿人我山，以智慧因，取煩惱鑛，以智慧火，鍊成佛性精金。夫植善根者，始而誦經，終而悟理，得堅固力，金剛是也；具大智慧，般若是也；渡生死海，登菩提岸，波羅蜜是也。五祖大師常勸僧俗但持《金剛經》，即自見性成佛；六祖大師一夜聽五祖說法。恰至「應無所住而生其心」，言下便悟，茲其所以為上乘頓教也歟。

【顏丙曰】只這一卷經，六道含靈，一切性中，皆悉具足，蓋為受身之後，妄為六根（眼耳鼻舌身意）、六塵（色聲香味觸法），埋沒此一段靈光，終日冥冥，不知不覺。故我佛生慈悲心，願救一切眾生，齊超苦海，共證菩提。所以在舍衛國中為說是經大意，只是為人解粘去縛，直下明了自性。自性堅固，萬劫不壞，如金性堅剛也。

【李文會曰】金剛者，堅利之物，能破萬物也。般若者，梵語也，唐言智慧，善破一切煩惱，轉為妙用。波羅蜜者，梵語也，唐言到彼岸，不著諸相謂之彼岸，若著諸相謂之此岸，又云：「心迷則此岸，心悟則彼岸。」經者，徑也，見性之道路也。

【川禪師曰】法不孤起，誰為安名？頌曰：「摩訶大法王，無短亦無長。本來非皂白，隨處現青黃。花發看朝豔，林凋逐晚霜。疾雷何太急，迅電亦非光。凡聖猶難測，龍天豈度量。古今人不識，權立號金剛。」

法會因由分第一

如是我聞，

我曾經聽佛這樣說過，

集註

【王日休曰】是，此也，指此一經之所言也。我者，乃編集經者自謂，是阿難也。如是我聞者，如此經之所言，乃我親聞之於佛也。弟子嘗問佛云：「他時編集經教，當如何起首？」佛言：「從如是我聞起。」

【李文會曰】如是我聞者，如來臨涅槃日，阿難問曰：「佛滅度後，一切經首初安何字？」佛言：「初安『如是我聞』，次顯處所。」是故傅大士云：「如來涅槃日，娑羅雙樹間，阿難沒憂海，悲慟不能前。優波初請問，經首立何言？佛教如是者，萬代古今傳。」若以諸大宗師言之，如者，眾生之性，萬別千差，動靜不一，無可比類，無可等倫；是者，只是眾生性之別名，離性之外，更無別法。又云法非有無，謂之如，皆是佛法，謂之是。

【川禪師云】如是，古人道喚作如如，早是變了也。且道變向什麼處去？咄，不得亂走！畢竟作麼生道，火不曾燒你口。如如，明鏡當臺萬象居；是是，水不離波波是水。鏡水塵風不到時，應現無瑕照天地。我者，為性自在，強名之也。又云：「身非有我，亦非無我，不二自在，名為真我。」又云：「淨裸裸、赤灑灑，沒可把。」頌曰：「我我認著分明成兩箇，不動纖毫合本然，知音自有松風和。」聞者，聽聞也。經云：「聽非有聞，亦非無聞，了無取捨，名為真聞。」又云：「切忌隨他去。」頌曰：「猿啼嶺上，鶴唳林間，斷雲風卷，水激長湍，最愛晚秋霜午夜，一聲新雁覺天寒。」

一時佛在舍衛國，祇樹給孤獨園，

當時，佛陀住在舍衛國的祇樹給孤獨園中，

舍衛國：中印度古王國名。佛陀在世時，波斯匿王統治此國。《大智度論・卷三》載，舍衛城為佛出生地，為報生地之恩，故多住此。諸經典中，常見其名。

祇樹給孤獨園：此園乃舍衛城長者須達為佛陀及其教團所建的僧坊。精舍建於祇陀太子的林苑，因兩人共同成就此一功德，故稱為「祇樹給孤獨園」，佛陀曾多次在此說法。

集註

【肇法師曰】一時者，說此般若時也。

【李文會曰】一時者，謂說理契機感應道交之時也。

【川禪師曰】一，相隨來也，頌曰：「一，一，破二成三從此出，乾坤混沌未分前，已是一生參學畢。」時，如魚飲水，冷暖自知。頌曰：「時，時，清風明月鎮相隨，桃紅李白薔薇紫，問著東君總不知。」

【疏鈔云】佛者，梵云婆伽婆，唐言佛。佛者，覺也，自覺覺他，覺圓滿故，一切有情，咸具此道。悟者即名佛，迷者曰眾生。

【李文會曰】佛者，梵語，唐言覺也。內覺無諸妄念，外覺不染六塵。又云佛者，是教主也。非相而相，應身佛也；相而非相，報身佛也；非相非非相，法身佛也。

【川禪師云】佛，無面目說是非漢。頌曰：「小名悉達，長號釋迦，度人無數，攝伏群邪。若言他是佛，自己卻成魔。只把一枝無孔笛，為君吹起太平歌。」

【李文會曰】在者，所在之處也。

【川禪師云】客來須看，不得放過，隨後便打。頌曰：「獨坐一爐香，經文誦兩行，可憐車馬客，門外任他忙。」

【六祖曰】舍衛國者，波斯匿王所居之國。祇者，匿王太子祇陀樹是祇陀所施，故言祇樹。

【疏鈔云】經云：「舍衛國有一長者名須達拏，常施孤獨貧，故曰給孤獨長者。因往王舍城中護彌長者家，為男求婚。見其家備設香花，云來旦請佛說法。須達聞之，心生驚怖，何也？須達本事外道，乍聞佛名，所以怕怖。至來日聞佛說法，心開意解，欲請佛歸。佛許之，令須達先歸家卜勝地。惟有祇陀太子有園，方廣嚴潔。往白太子，太子戲曰：『若布金滿園，我當賣之。』須達便歸家運金，側布八十頃園並滿。是以太子更不復愛其金，同建精舍，請佛說法……曰：

祇樹給孤獨園。」

【李文會曰】舍衛國者，說經之處也。祇樹者，祇陀太子所施之樹。樹，謂法林也。給孤獨園者，給孤長者所施之園，共建立精舍也。

與大比丘眾，千二百五十人俱。

與一千兩百五十位大和尚們在一起。

集註

【僧子榮】引《智度論．三卷》云：「如來臨入涅槃時，告阿難言：『十二部經，汝當流通。』復告優波離言：『一切律戒，汝當受持。』阿難聞佛付囑，心沒憂海。時優波離尊者語阿難言：『汝是守護佛法藏者，當問佛未來要事。』於是優波離尊者同阿難往，問世尊四條事。第一問：『一切經首，當置何言？』答曰：『一切經首，當置如是。』第二問：『以何為師？』答曰：『以波羅提木叉，是汝大師，此云戒。』第三問：『依何而住？』答曰：『皆依四念處而住。』四念者，一觀身不淨，二觀受是苦，三觀法性空，四觀心無我。第四問：

『惡性車匿，如何共住？』答曰：『惡性比丘以梵檀治之，此云默擯（梵語，梵檀者，猶中國言默擯。默擯者，正如黃魯直云：『萬言萬當，不如一默；百戰百勝，不如一忍。』擯者，敬而遠之之意。此處惡性比丘之道也）。』如來於是付囑言訖，在俱尸羅大城，娑羅雙樹間，示般涅槃。阿難聞佛入涅槃，悶絕憂惱，不能前問四事。」

【王日休曰】梵語比丘，此云乞士，謂上乞法於諸佛，以明己之真性，下乞食於世人，以為世人種福，此所以名乞士也。大比丘則得道之深者，乃菩薩、阿羅漢之類也。俱，謂同處也。所謂佛與此千二百五十人，同處於給孤獨園中。

【陳雄曰】比丘，今之僧是也。

【李文會曰】比丘者，去惡取善，名小比丘；善惡俱遣，名大比丘也。若人悟達此理，即證阿羅漢位，能破六賊、小乘四果人也。

【川禪師云】獨掌不浪鳴。頌曰：「巍巍堂堂，萬法中王，三十二相，百千種光，聖凡瞻仰，外道歸降，莫謂慈容難得見，不離祇園大道場。」

爾時，世尊食時，著衣持鉢，

到了吃飯的時間，佛陀披上袈裟，拿著飯鉢，

世尊：如來十號之一，意指為世間所尊重者之意，亦指舉世最尊者。

鉢：梵語音譯，出家人的盛飯器具，材料主要為泥、鐵之物，物呈圓形，底平、稍扁、口略小。

集註

【王日休曰】爾時者，彼時也。佛為三界之尊，故稱世尊。三界者，謂欲界、色界、無色界也。

【僧若訥】引《毘羅三昧經》云：「早起諸天，日中諸佛，日西異類，日暮鬼神。」今言食時，正當午前，將行乞食之時也。

【李文會曰】爾時者，佛現世時也。世尊者，三界四生中智慧福德無有等量，一切世間之所尊也。食時者，正當午食將辦之時也。著衣者。柔和忍辱衣也。

【遺教經云】慚恥之服，於諸莊嚴最為第一。《疏鈔》云：「著衣持鉢者，著僧伽之衣，即二十五條大衣也，持四天王所獻之鉢也。」

入舍衛大城乞食。

走進舍衛大城，向人乞求食物。

乞食：指印度僧人為資養色身而向人乞食的一種行儀，其原始的意義有二：一、自利，為杜絕俗事，方便修道；二、利他，為福利世人，予眾生種福的機會。

集註

【僧若訥曰】寺在城外，故云入也。乞食者，佛是金輪王子，而自持鉢乞食，為欲教化眾生捨離憍慢也。

【李文會曰】乞食者，欲使後世比丘不積聚財寶也。

於其城中，次第乞已，

佛陀在城中，不揀擇富貴，不避貧賤，一家一家的乞討，

次第乞：不挑貧選富，依序托鉢乞食。修行者藉著這樣的行為，培養平等心，以消除煩惱。

集註

【僧若訥曰】不越貧從富，不捨賤從貴，大慈平等，無有選擇，故曰次第。

【李文會曰】次第者，如來慈悲，不擇貧富平等普化也。

還至本處。飯食訖，收衣鉢，洗足已，

最後回到給孤獨園中。待飲食已畢，收起袈裟與鉢子，將雙腳洗淨，

集註

【王日休曰】乞食而歸，故曰還至本處。飯食已畢，收衣鉢。洗足者，謂收起袈裟與鉢盂，然後洗足。以佛行則跣足故也。

【李文會曰】洗足已者，淨身業也。

敷座而坐。

把坐墊鋪好，端坐在上面。

集註

【顏丙曰】敷，乃排布也。排布高座而坐。

【智者禪師頌曰】法身本非食，應化亦如然。為長人天福，慈悲作福田。收衣息勞慮，洗足離塵緣，欲證三空理，跏趺示入禪（《疏鈔》云：「三空者，三輪體空也。」施者，受者，并財等名三輪也。施者，反觀體空，本無一物，故云理空。受者，觀身無相，觀法無名，身尚不有，物從何受，故曰受空。施受既空，彼此無妄，其物自空，故云三輪體空）。

【李文會曰】敷座而坐者，一切法空是也。

【川禪師曰】惺惺著。頌曰：「飯食訖子洗足已，敷座坐來誰共委，向下文長知不知，看看平地波濤起。」

善現啟請分第二

時，長老須菩提

這時，年高德長的須菩提長老

集註

【李文會曰】時者，空生起問之時也。長老者，德尊年高也。須菩提者，梵語也，唐言解空是也。

【王日休曰】長老，謂在大眾中，乃年長而老者也。

【僧若訥曰】梵語須菩提，此翻善吉善現，空生尊者。初生時，其家一空，相師占之，唯善唯吉，後解空法以顯前相。

【僧了性曰】須菩提人人有之，若人頓悟空寂之性，故名解空；全空之性，真是菩提，故名須菩提。空性出生萬法，故名空生尊者；空性隨緣應現，利人利物，亦名善現；萬行吉祥，亦名善吉。尊者，隨德應現，強名五種。

在大眾中，即從座起，偏袒右肩，右膝著地，合掌恭敬而白佛言：「希有！世尊！

在眾人之間，從自己的位置上站起來。他斜披著袈裟，右肩袒露，以右膝跪地，雙手合十，態度恭敬的對佛說：「世間稀有的世尊哪！

偏袒右肩，右膝著地：在古印度的風俗中，以右為上，右邊是正道而左邊是邪道。因此偏袒右肩、右膝跪地等動作，都象徵順從正道。
合掌：又稱為「合十」，指合併兩掌，集中心思，恭敬禮拜之意。本為印度古禮，佛教沿用之。古禮中，印度人認為右手為神聖之手，左手為不淨之手，因此有分別使用兩手的習慣，然而如果雙手合而為一，則是表示人類神聖面與不淨面合一，因此藉著合掌的禮俗，來表現人類最真實之面目。

集註

【李文會曰】須菩提解空第一，故先起問。右膝著地者，先淨三業，摧伏身心，整儀贊佛也。合掌者，心合於道，道合於心也。希有者，我佛性能含融萬法，無可比類也。

【僧若訥曰】言偏袒者，此土謝過請罪，故肉袒；西土興敬禮儀，故偏袒。兩土風俗，有所不同。言右肩者，弟子侍師，示執捉之儀，作用之便。言右膝著地者，《文殊問般若經》云：「右是正道，左是邪道。」用正去邪，將請以無相之正行。

【王日休曰】白，謂啟白。希，少也。世尊，佛號也。先嘆其少有，次又呼佛也。

如來善護念諸菩薩，善付囑諸菩薩。

如來善於照顧眷念各位菩薩，善於指導各位菩薩。

集註

【王日休曰】如來者，佛號也。佛所以謂之如來者，以真性謂之真如然則如者，真性之謂也，真性所以謂之如者，以其明則照無量世界而無所蔽；慧則通無量劫事而無所礙，能變現為一切眾生而無所不可。是誠能自如者也，其謂之來者。以真性能隨所而來現，故謂之如來。真如本無去來，而謂之來者，蓋謂應現於此而謂之來也。若人至誠禱告則有感應，若欲為一切眾生設化則現色身，皆其來者也，此佛所以謂之如來。然則言如如者，乃真性之本體也；言來者，乃真性之應用也，是則如來二字兼佛之體用而言之矣，此經所以常言如來也。梵語菩薩，本云「菩提薩埵」，欲略其文而便於稱呼，故云菩薩。梵語菩提，此云覺。梵語薩埵，此云有情，有情則眾生也。一切眾生有佛性者，皆有生而有情，唯菩薩在有情之中乃覺悟者，故謂之覺有情也。大略言之，情則妄想也，菩薩未能絕盡其情想，唯修至佛地，則情想絕矣，故佛獨謂之覺，而不謂之有情。佛言一切諸佛解脫諸想盡無餘故是也。佛又云十地菩薩，皆有二種愚癡，豈非所謂愚癡者，亦情想之類乎。此菩薩所以謂之有情，而不得獨謂之覺也。

【陳雄曰】菩薩受如來教法者也，諸菩薩指大眾言之也。大眾聽如來說法，固當信受奉行，倘如來不起慈悲心，衛護眷念，俾信受是法，則惡魔或得以惱亂，不付委囑託，俾奉行是法，則勝法有時而斷絕。故須菩提於大眾聽法之初，未遑它恤，惟願如來起慈悲心，為之護念付囑也。

【李文會曰】如來者，如者不生，來者不滅，非來非去，非坐非臥，心常空寂，湛然清淨也；善護念者，善教諸人不起妄念也；諸菩薩者，諸者不一之義。菩之言照，薩之言見，照見五蘊皆空，謂色受想行識也。菩薩者，梵語也，唐言道心，眾生常行恭敬，乃至鱗甲羽毛蛆虫蟻螻，悉起敬愛之心，不生輕慢，此佛所謂蠢動含靈皆有佛性也；善付囑者，念念精進，勿令染著，前念纔著，後念即覺，勿令接續也。

【川禪師曰】如來不措一言，須菩提便恁麼讚歎，具眼勝流，試著眼看，頌曰：「隔牆見角，便知是牛；隔山見煙，便知是火。獨坐巍巍，天上天下，南北東西，鑽龜打瓦，咄。」

世尊，善男子、善女人，發阿耨多羅三藐三菩提心，

世尊，倘若世間有善良的男子與善良的女子，發願成就宏大的誓願，以崇高、偉大、無上、究竟的佛果為目標，求取覺悟，

阿耨多羅三藐三菩提：意譯無上正等正覺、無上正等覺、無上正真道、無上正遍知。「阿耨多羅」意譯為「無上」，「三藐三菩提」意譯為「正遍知」，乃佛陀所覺悟之智慧，含有平等、圓滿之意。以其所悟之道為至高，故稱無上；以其道周遍而無所不包，故稱正遍知。大乘菩薩行之全部容，即在成就此種覺悟。

集註

【李文會曰】善男子者，正定心也。善女人者，正慧心也。謂有剛斷決定之心，永無退轉也。發心之義。阿者，無也，無諸垢染也。耨多羅者，上也，三界無能比也。三者，正也，正見也。藐者，遍也，一切有情，無不遍有。三菩提者，知也，知一切有情，皆有佛性也。

【王日休曰】梵語阿，此云無；梵語耨多羅，此云上；梵語三，此云正；梵語藐，此云等；梵語菩提，此云覺。然則阿耨多羅三藐三菩提者，乃無上正等正覺

也，謂真性也。真性即佛也。梵語佛，此云覺，故略言之，則謂之覺，詳言之，則謂之無上正等正覺也。以真性無得而上之，故云無上，然上自諸佛，下至蠢動，此性正相平等，故云正等。其覺，圓明普照，無偏無虧，故云正覺。得此性者，所以為佛，所以超脫三界，不復輪迴。

【僧若訥曰】菩薩初修行，皆發此廣大心也。

云何應住？云何降伏其心？」

那麼他們應該怎樣安放這樣的誓願心，使之不生變悔？又該怎麼在起妄念的時候，收伏自己的心？

集註

【王日休曰】應，當也。云，言也。云何者，言如何也。須菩提於此問佛云，為善之男子或女人，發阿耨多羅三藐三菩提，謂求真性成佛之心也，發求真性成佛之心，云何應住？謂當住於何處也；云何降伏其心？謂當如何降伏此妄想心也。

【僧若訥曰】須菩提正發此二問，一問眾生發無上心，欲求般若，云何可以安住諦理？二問降伏惑心，云何可以折攝散亂？一經所說，不出此降住而已。

【李文會曰】云何降伏其心者，須菩提謂凡夫妄念煩惱無邊，當依何法，即得調伏。

【川禪師曰】這問從甚處出來？頌曰：「你喜我不喜，君悲我不悲，雁思飛塞北，無憶舊巢歸，秋月春花無限意，箇中只許自家知。」

佛言：「善哉，善哉！須菩提，如汝所說，如來善護念諸菩薩，善付囑諸菩薩。汝今諦聽，當為汝說。

佛陀說：「很好，很好！須菩提，就像你所說的，如來善於照顧眷念各位菩薩，善於指導各位菩薩。你現在認真細聽，我將為你解說你所提出的問題。

集註

【李文會曰】如汝所說者，是佛讚歎須菩提，能知我意，善教諸人，不起妄念，心常精進，勿令染著，諸法相也。諦聽者，諦者名了，汝當了達聲塵，本來不生，勿逐語言，詳審而聽也。

【王日休曰】諦，審也，謂仔細聽也。

善男子、善女人，發阿耨多羅三藐三菩提心，應如是住，如是降伏其心。」

「唯然，世尊。願樂欲聞。」

善良的男子，善良的女子，如果發願成就宏大的誓願，以崇高、偉大、無上、究竟的佛果為目標，求取覺悟，那麼他們應該這樣去安放自己的誓願心，應該這麼去收服自己的妄念心。」

須菩提回答說：「是的，世尊。我們都歡喜樂意的聆聽著您的講道。」

集註

【李文會曰】應如是住者，如來欲令眾生之心，不生不滅，湛然清淨，即能見性也。

【龐居士曰】世人重珍寶，我貴剎那靜，金多亂人心，靜見真如性。

【逍遙翁曰】凡夫之心動而昏，聖人之心靜而明。又云凡人心境清淨，是佛國淨土；心境濁亂，是魔國穢土也。

【黃蘗禪師曰】凡夫多被境礙心、事礙理，常欲逃境以安心，摒事以存理，不知乃是心礙境、理礙事，但令心空境自空，理寂事自寂，勿倒用心也。又云凡夫取境，智者取心，心境雙亡，乃是真法。亡境猶易，亡心至難。人不敢亡心，恐落於空，無撈摸處，不知空本無空，唯一真法界耳。凡夫皆逐境生心，遂生欣厭，若欲無境，當亡其心。心亡則境空，境空則心滅，若不亡心，而但除境，境不可除，只益紛擾，故萬法惟心，心亦不可得，既無所得，便是究竟，何必區區更求解脫也。如是降伏其心者，若見自性，即無妄念，既無妄念，即是降伏其心矣。

【陳雄曰】唯者，應諾之辭。然者，協望之謂。願樂欲聞者，欣樂欲聞其法也。

【顏丙曰】唯者，諾其言也。然者，是其言也。

發阿耨多羅三藐三菩提心，唐言謂無上正等正覺心也。應者，當也。住者，乃常住不滅也。須菩提問，有向善男女發菩提心者，應當如何得常住不滅，如何能降伏其心？佛稱善哉善哉，乃讚歎之辭。發菩提心者，應如是住，如是降伏其心。如是者，只這是也。唯然者，乃須菩提領諾之辭，與曾子曰唯無異。樂者，愛也，願愛欲聞說法也。

【智者禪師頌曰】希有希有佛，妙理極泥洹（此云寂滅。一覽集入滅品云：「能事既畢入泥洹，舍利以留為佛事。」），云何降伏住？降伏住為難。二儀法中妙（孚上座曰：「法身之理，猶若太虛，豎窮三際，橫亙十方，彌綸八極，包括二儀。」所謂包括二儀者，與此二儀法中妙之意同），三乘教喻寬（《法華經・三卷》，佛言乘是三乘，便得快樂，自求涅槃，是名聲聞乘，樂獨善寂，是名「辟支佛乘」，度脫一切，是名大乘），善哉今諦聽，六賊免遮攔。

【川禪師曰】往往事從叮囑生，頌曰：「七手八腳，神頭鬼面，拳打不開，刀割不斷，閻浮跳躑幾千回，頭頭不離空王殿。」

大乘正宗分第三

佛告須菩提：「諸菩薩摩訶薩，應如是降伏其心：

佛對須菩提說：「各位大菩薩們，應該這樣修持降伏迷妄的心：

摩訶薩：即「摩訶薩埵」的略稱，指菩薩或大士。摩訶，意譯作大。薩埵，乃有情、眾生之義。摩訶薩即指大有情、大眾生。

集註

【李文會曰】摩訶薩者，摩訶言大。心量廣大，不可測量，乃是大悟人也。

所有一切眾生之類，

所有一切的生命，

集註

【六祖曰】一切者，總標也，次下別列九類。

【王日休曰】凡有生者，皆謂之眾生。上自諸天，下至蠢動，不免乎有生，故云一切眾生也。眾生雖無數無窮，不過九種，下文所言是。

【李文會曰】眾生者，謂於一切善惡凡聖等見有取捨心，起無量無邊煩惱妄想，輪迴六道是也。

【古德曰】覺華有種無人種，心火無煙日日燒。謂諸愚迷之人，被諸煩惱，則熙熙然，此非悟道，其實如木偶耳。若或中根之士，而以煩惱為苦，是則智慧不如愚癡也，不亦謬乎。固當勿存於心，苟或不然，學道何用？於己何益？須令智慧力勝之可也。

若卵生，若胎生，若濕生，若化生；若有色，若無色；若有想，若無想，若非有想非無想，

不論是卵生或胎生，或是從潮濕的水氣中而生，或是由變化而生；是看得到形象或看不到形象的；是有心智活動或沒有心智活動的，以及談不上有沒有心智活動的，

濕生：由濕氣而生之意，例如在腐肉、叢草等濕潤的地方，藉著濕氣所產生者，如飛蛾、蚊蟲等。

化生：指不需要父母的外力，原本沒有形體或意識，靠著業力，忽然產生出來者，如地獄、天及中陰狀態的眾生皆屬化生。

集註

【六祖曰】卵生者，迷性也；胎生者，習性也；濕生者，隨邪性也；化生者，見趣性也。迷故造諸業，習故常流轉，隨邪心不定，見趣墮阿鼻。起心修心，妄見是非，內不契無相之理，名為有色；內心守直，不行恭敬供養，但言直心是佛，

不修福慧，名為無色。不了中道，眼見耳聞，心想思惟，愛著法相，口說佛行，心不依行，名為有想；迷人坐禪，一向除妄，不學慈悲，喜捨智慧方便，猶如木石，無有作用，名為無想。不著二法想，故名若非有想；求理心在，故名若非無想。

【王日休曰】若卵生者，如大而金翅鳥，細而蟣虱是也；若胎生者，如大而獅象，中而人，小而貓鼠是也；若濕生者，如魚鱉黿鼉，以至水中極細虫是也；若化生者，如上而天人，下而地獄，中而人間米麥果實等所生之虫是也。上四種謂欲界眾生。若有色者，色謂色身，謂初禪天至四禪天諸天人，但有色身而無男女之形，已絕情欲也，此之謂色界；若無色界者，謂無色界諸天人也，此在四禪天之上，唯有靈識而無色身，故名無色界；若有想者，此謂有想天諸天人也，此天人唯有想念，故自此以上，皆謂之無色界，不復有色身故也；若無想者，此謂無想天諸天人也，在有想天之上，此天人一念寂然不動，故名無想天；若非有想非無想者，此謂非想非非想天諸天人也，此天又在無想天之上，其天人一念寂然不動，故云非有想；然不似木石而不能有想，故云非無想，此天於三界諸天為極高，其壽為極長，不止於八萬劫而已。

【李文會曰】若卵生者，貪著無明，迷暗包覆也；若胎生者，因境求觸，遂起邪心也；若濕生者，才起惡念，即墮三塗，謂貪瞋癡因此而得也；若化生者，一切煩惱，本自無根，起妄想心，忽然而有也。

【又教中經云】一切眾生，本自具足，隨業受報，故無明為卵生，煩惱包裹為胎生，愛水浸淫為濕生，欻起煩惱為化生也。又云眼、耳、鼻、舌，迴光內燭，有所貪漏，即墮四生，謂胎、卵、濕、化是也；色、聲、香、味，迴光內燭，無所貪漏，即證四果，謂須、陀、洹、等是也。

【傅大士曰】空生初請問，善逝應機酬（善逝即世尊號），先答云何住，次教如是修。胎生卵濕化，咸令悲智收，若起眾生見，還同著相求。若有色者，謂凡夫執有之心，妄見是非，不契無相之理；若無色者，執著空相，不修福慧；若有想者，眼見耳聞，遂生妄想，口說佛行。心不依行；若無想者，坐禪除妄，猶如木石，不習慈悲智慧方便，若非有想者。

【教中經云】有無俱遣，語默雙忘，有取捨憎愛之，不了中道也。

【臨濟禪師曰】入凡入聖，入染入淨，處處現諸國土，盡是諸法空相，是名真正見解。你若愛聖憎凡，生死海裡浮沉也，非無想者，謂有求理心也。

我皆令入無餘涅槃而滅度之。

我都要讓他們能夠達到除盡困惑苦惱，脫離生死輪迴的涅槃境界。

無餘：達到完全窮盡，一無殘餘。指煩惱與肉身完全滅盡的狀態。
涅槃：指燃燒煩惱之火滅盡，完成悟智之境地，即達到菩提。此乃超越生死之悟界，是佛教終極之實踐的目的。

集註

【李文會曰】我者，佛自謂也。皆者，總也。令者，俾也。入者，悟入也。無餘者，真常湛寂也。

【法華經云】佛當為除斷，令盡無有餘涅槃者，菩薩心無取捨，如大月輪，圓滿寂靜。眾生迷於涅槃無相之法，而為生死有相之身也。滅者，除滅。度者，化度也。

【六祖曰】如來指示三界九地，各有涅槃妙心，令自悟入無餘者。無餘，習氣煩惱也。涅槃者，圓滿清淨義，令滅盡一切習氣不生，方契此也。度者，渡生死大海也，佛心平等，普願與一切眾生，同入圓滿清淨無想涅槃，同渡生死大海，同諸佛所證也。煩惱萬差，皆是垢心，身形無數，總名眾生。如來大悲普化，皆令得入無餘涅槃。

【證道歌曰】達者，同遊涅槃路。註云：「涅槃者，即不生不滅也。涅而不生，槃而不滅，即無生路也。」

【沖應真人周史卿】對吃不拓和尚指香煙云：「要觀學人有餘涅槃，爐中灰即是；要觀學人無餘涅槃，爐中灰飛盡即是。」

【王日休曰】梵語涅槃，此云無為。《楞伽經》云：「涅槃乃清淨不死不生之地，一切修行者之所依歸。」然則涅槃者乃超脫輪迴，出離生死之地，誠為大勝妙之所，非謂死也。世人不知此理，乃誤認以為死，大非也。此無餘涅槃，即大涅槃也。謂此涅槃之外，更無其餘，故名無餘涅槃。此謂上文盡諸世界，所有九類眾生，皆化之成佛，而得佛涅槃也。

如是滅度無量無數無邊眾生，實無眾生得滅度者。

然而，雖然這麼做看似可以解脫無數眾生，但事實上沒有一個生命真正得到我的解救。

集註

【王日休曰】一切眾生，皆自業緣中現。故為人之業緣，則生而為人，修天上之業緣，則生於天上，作畜生之業緣，則生為畜生，造地獄之因緣，則生於地獄。如上文九類眾生，無非自業緣而生者，是本無此眾生也。故菩薩發心化之，皆成佛而得涅槃，實無一眾生被涅槃者，以本無眾生故也。

【僧若訥曰】第一義中無生可度，即是常心也，若見可度，即是生滅。良由一切眾生本來是佛，何生可度？所謂平等真法界，佛不度眾生。

【陳雄曰】大乘智慧，性固有之，然眾生不能自悟，佛實開悟無量無數無邊眾生，令自心中愚癡邪見煩惱眾生，舉皆滅度矣。滅度如是其多，且曰實無眾生得滅度者，蓋歸之眾生自性自度，我何功哉？《六祖壇經》云：「自性自度，名為真度。」《淨名經》云：「一切眾生，本性常滅，不復更滅。」文殊菩薩問世尊：「實無眾生得滅度者如何？」世尊曰：「性本清淨，無生無滅，故無眾生得滅度，無涅槃可到。」此皆歸之眾生自性耳。《華嚴經》云：「若人欲了知，三世一切佛，應觀法界性，一切惟心造。」《造化因心偈》云：「賦象各由心，影響無欺詐，原無造化工，群生自造化。」

【李文會曰】無量無數無邊眾生者，謂起無量無數無邊煩惱也。得滅度者，既已覺悟，心無取捨，無邊煩惱轉為妙用，故無眾生可滅度也。

【寶積經云】智者於苦樂，不動如虛空。

【逍遙翁曰】善能觀察煩惱性空，既過即止，勿使留礙也。又云煩惱性空，勿為罣礙，觀如夢幻，不用介懷，設使情動，如響應聲，即應即止。

何以故？須菩提，若菩薩有我相、人相、眾生相、壽者相，即非菩薩。」

為什麼這麼說呢？須菩提，如果菩薩的心中，還存有自我、他人、眾生、壽命的形象和狀態，以為我是我，別人是別人，生命是不變的生命，生命中有著不變的靈魂，那麼他就不能算是菩薩了。」

我相：「相」是形相或狀態，在佛經中，常用於指稱諸法的形像狀態。「我相」指我的相狀，即由妄想所變現似我之相。凡夫常誤認外在的我為實相，所以執著。

人相：指眾生在色、受、想、行、識的五蘊法中，妄計我生於人道為人，而異於其餘諸道。

眾生相：謂眾生於五蘊法中，妄計我依色、受、想、行、識五蘊和合而生。
壽者相：指眾生於五蘊法中，妄計我從生至死之壽命，長短不一，因人而異。

集註

【六祖曰】修行人亦有四相：心有能所，輕慢眾生名我相；自恃持戒，輕破戒者名人相；厭三塗苦，願生諸天，是眾生相；心愛長年，而勤修福業，法執不忘，是壽者相。有四相即是眾生，無四相即是佛。

【僧若訥曰】言我相者，以自己六識心，相續不斷，於中執我，此見乃計內也。人相者，六道外境，通稱為人，於此諸境，一一計著，分別優劣，有彼有此，此見從外而立，故云人相。如眾生相者，因前識心，最初投託父母，續有色受想行四陰，計其和合，名眾生相。如壽者相者，計我一期，命根不斷，故云壽者相。

【陳雄曰】貪瞋癡愛，為四惡業。貪則為己私計，是有我相；瞋則分別爾汝，是有人相；癡則頑傲不遜，是眾生相；愛則希覬長年，是壽者相。如來不以度眾生為功，而了無所得，以其四種相盡除也。《圓覺經》云：「未除四種相，不得成菩提。」菩薩發菩提無上道心，受如來無相教法，豈應有四種相哉？設若有一於此，則必起能度眾生之心，是眾生之見，非菩薩也。菩薩與眾生，本無異性，悟則眾生是菩薩，迷則菩薩是眾生。有是四種相，在夫迷悟如何耳。何以故者，辨論之辭也，佛恐諸菩薩不知真空無相之說，故為之辨論，而有及於四種相。十七分、二十五分皆云。

【顏丙曰】一切眾生者，《涅槃經》云：「見佛性者，不名眾生，不見佛性者，是名眾生。」摩訶者。大也。佛告須菩提，及大覺性之人，若卵胎濕化，乃蠢動含靈也。有形色、無形色，有情想、無情想，乃至不屬有無二境眾生，體雖不同，性各無二。此十類眾生，我皆令入無餘涅槃而滅度之。涅槃者，不生謂涅，不死謂槃。經云：「如來證涅槃，永斷於生死。」滅度者，滅盡一切煩惱，度脫生死苦海，令者使也。我皆使入無餘涅槃，無餘者，羅漢雖證涅槃，尚有身智之餘，經中謂之有餘涅槃，唯無身智餘剩者，方謂無餘涅槃，又曰實無眾生得滅度者。眾生既悟本性空寂，更滅度箇甚麼，若四相未能直下頓空，即非菩薩覺性也。

【李文會曰】有我相者，倚恃名位權勢財寶藝學，攀高接貴，輕慢貧賤愚迷之流；人相者，有能所心，有知解心，未得謂得，未證謂證，自恃持戒，輕破戒者；眾生相者，謂有苟求希望之心，言正行邪，口善心惡；壽者相者，覺時似悟，見境生情，執著諸相，希求福利。有此四相，即同眾生，非菩薩也。

【臨濟禪師曰】五蘊身田，內有無位真人，堂堂顯露，何不識取？但於一切時中，切莫間斷，觸目皆是，只為情生智隔，相變體殊，所以輪迴三界，受種種苦，敢問諸人觸目皆是，是箇甚麼？一一山河無隔礙，重重樓閣應時開。

【川禪師曰】頂天立地，鼻直眼橫。頌曰：「堂堂大道，赫赫分明，人人本具，箇箇圓成，只因差一念，現出萬般形。」

妙行無住分第四

「復次，須菩提，

「再者，須菩提，

集註

【王日休曰】謂再編次，佛與須菩提答問之言也。此乃敘經者自謂。

【顏丙曰】復次，乃再說也。

【李文會曰】復次者，連前起後之辭。

菩薩於法，應無所住，行於布施。

菩薩對於萬事萬物，不管處在何種情況，都不應該產生任何執著，要以不執著的心態來布施、幫助他人。

住：執著。

布施：布施原為佛陀勸導受持五戒、在家信仰佛法的男居士（優婆塞）的行法，其本義是以衣食等物施給大德及貧窮者。到了大乘時代，則為六波羅蜜之一，再加上法施、無畏施，更擴大了布施的意義，指將財物、體力、智慧等施予他人，為人造福成智而求累積功德，達到解脫的一種修行方法。

集註

【疏鈔云】言應無所住者，應者當也；無所住者，心不執著。

【李文會曰】菩薩於法者，總標一切空有之法也。應無所住者，一切諸法，應當無所住著也。

【法華經云】十方國土中，惟有一乘法，謂一心也。心即是法，法即是心，二乘之人，不能解悟，謂言心外即別有法，逆生執著住於法相，此同眾生之見解也。

【逍遙翁曰】凡夫不識自佛，一向外求，住相迷真，分別他境，不為助道，但求福門，似箭射空，如人入暗，俱胝和尚凡見僧來問話，唯豎起一指頭。

【佛鑑禪師頌曰】不用將心向外求，箇中消息有來由，報言達摩西來意，只在俱胝一指頭。菩薩了悟人法二空，心無取捨，能知凡聖一等，空色一般，善惡一體。

【龍濟和尚頌曰】心境頓消融，方明色與空，欲識本來體，青山白雲中，是菩薩心無所住著也。行於布施者，布者普也，施者散也。謂除我、人、眾生、壽者四相，煩惱妄想取捨憎愛之心，世尊即以教法布施，內破一切執著，外即利益一切眾生。菩薩布施，皆應無住，不見有我為能施人，不見有它為受施者，不見中間有物可施，三體皆空，住無所住，清淨行施，不憂已乏，不望報恩，不求果報也。凡夫布施，希求福利，此是住相布施也。

【永嘉大師云】住相布施生天福，猶如仰箭射虛空。

【逍遙翁曰】誦金剛經者，若人了知住無所住心，得無所得法者，此名慧業；若人日積課誦之功，希求福利，此名福業。二者相去絕遠，如霄壤也。

【法華經云】若於後世讀誦是經典者，是人不復貪著衣服、臥具、飲食、資生之物，所願不虛。

【張無盡云】夫學道者，不可以溫飽為志，本求無上菩提，出世間法，若以事不如意為怨，而圖衣飯為心者，又何益於事乎。

所謂不住色布施，不住聲、香、味、觸、法布施。

這就是說，不執著於某種形式或物質來布施，也不固定以某種言詞聲音來布施、不執著以某種氣味來布施、不固定以某種撫觸來布施，甚至是不執著以某種意識來布施。

色、聲、香、味、觸、法：色，指物質的現象；聲，指一切的聲音；香，指一切事物甚至是男女身體所散發的氣息；味，飲食的美味或辛辣的氣息；觸，指身體接觸時所感受到的冷、暖、寒、熱或是軟硬等感覺；法，是指心中的思緒、想法。

集註

【王日休曰】色，謂形色；聲，謂音樂；香，謂鼻之所聞；味，謂食物之味；觸，謂男女之欲；法，謂心之所校量思惟者。乃教化眾生不使著於六塵也。

【陳雄曰】《摩訶般若經》云：「眼色識，耳聲識，鼻香識，舌味識，身細滑識，意法識。」又《懺法》云：「眼著色，耳著聲，鼻著香，舌著味，身著觸細滑，意著法塵，起種種業。」此言住，亦識著之謂。凡夫六根不淨，貪是六者，以快其欲，是名六塵。一不如其所欲，則必布施以求滿其欲，其所住而布施者然也。菩薩受如來無相教法，無諸欲之求，無能施之心，但以法施利益一切眾生，如水行地中，無有罣礙，無所住行布施者然也。《華嚴經》云：「不求色聲香與味，亦不希求諸妙觸，但為救度諸群生，常求無上最勝智。」正此之所謂行布施也。

【華嚴二十四卷云】眼識所知種種諸色，耳識所知種種諸聲，鼻識所知種種諸香，舌識所知種種諸味，身識所知種種諸觸，意識所知種種諸法。又《天地八陽經》云：「眼常見種種無盡色，耳常聞種種無盡聲，鼻常嗅種種無盡香，舌常了種種無盡味，身常覺種種無盡觸，意常思想分別種種無盡法。」詳此二經。既言種種諸聲，種種無盡聲，則王氏所言：「聲，謂音樂者。」恐失之拘於音樂矣。既言種種諸觸、種種無盡觸，則王氏所言：「觸，謂男女之欲者。」恐失之執於男女之欲矣。

【張無盡曰】不住色布施者，謂智慧性照見一切皆空也。梵語檀那，此云施。菩薩無色可捨，名為布施，如藥對病，似空含有，有病既除，空藥俱遣，色空泯絕，中道皆亡，了無一法可得，二乘之人捨色取空，為不住色而行布施。

【玄奘法師所譯經云】不住於色，不住非色香味觸法，一例皆然。是故空有悉皆無住，無空可取，無有可捨，空有同如一體平等，平等行施，即知法界，不住有施，不住無施，不得有無一邊障礙，施心廣大，猶如虛空，所獲功德，亦復如是，故經中舉十方虛空較量施福，即斯意耳。

【傅大士曰】施門通六行，六行束三檀，資生無畏法，聲色勿相干，二邊純莫立，中道不須安，欲覓無生理，背境向心觀。不住聲者，清淨無罣礙也。梵語尸羅，此云戒。二乘之人，意謂聲從色起，遂向聲塵中分別，聞樂則喜、聞悲則哀，欲捨此聲，而取無聲，名之為戒。菩薩無聲可捨，色若是有，聲從是生，色既本空，聲從何起，若能如是悟者，雖在生死中，生死不能拘，雖在六塵中，六塵不能染，在在處處，心常清淨。又云：「尸羅得清淨，無量劫來因，妄想如怨賊，貪愛若參辰，在欲而無欲，居塵不染塵，權依離垢地，當證法王身。」不住香者，謂見色清淨也。梵語羼提，此云忍辱，二乘之人，妄生忍辱，惟恐貪著，欲行遠離，故名忍辱，正是捨色取空，不了中道也。殊不知香性本空，菩薩忍亦無忍，辱亦無辱，須是自性清淨，不生起滅之心，方始悟明心地。故古德曰：「明心之士，其心猶如明鏡，能攝眾像，盡入其中，無有罣礙，清淨含容，無有邊際。」又云：「忍心如幻夢，辱境若龜毛，常能修此觀，逢難轉堅牢，無非亦無是，無下亦無高，欲滅貪瞋賊，須行智慧刀。」不住味者，謂眾生性，與如來性，無所分別也。梵語毘離耶，此云精進，了知舌根本空，為不住味，故云：「受諸飲食，當如服藥，或好或弱，不可生憎愛也。」

【肇法師曰】會萬法歸於自己者，其惟聖人乎。

【晁太傅曰】一切凡夫皆是迷人，內有回心起信，詢求妙理，悟明心地者，此是迷中悟人也。

【徑山杲禪師曰】佛與眾生，本無異相，只因迷悟，遂有殊塗。

【黃蘗禪師曰】有識食，有智食，四大之身，飢瘡為患，隨順給養，不生貪著，謂之智食；恣情取味，妄生分別，唯圖適口，不生厭離，謂之識食也。三乘之人，雖不住飲食之味，尚猶貪著諸法之味，以貪著故，名為精進。菩薩之心。於諸法相，悉如夢幻，遇緣即施，緣散即寂。

【圓覺經云】照了諸相，猶如虛空，此名如來，隨順覺性。

【傅大士曰】進修名燄地，良為慧光舒，二智心中遣，三空境上祛，無明念念滅，高下執情除，觀心如不間，何啻至無餘。不住觸者，謂心無取捨也，內無菩提可取，外無煩惱可捨。梵語禪那，此云靜慮。二乘之人，認觸為色身，色身若是有，即言離諸觸，色身既本無，諸觸何曾有。又云：「了觸即無生，不住虛分別，一切諸萬法，本來無所動。」

【六祖曰】一切萬法，皆從心生，心無所生，法無所住。

【大陽禪師曰】大陽一禪，竟日如然，滔滔不間，觸目遇緣，若能如是，法法現前。

【傅大士曰】禪河隨浪靜，定水逐波清，澄神生覺性，亡慮滅迷情，遍計虛分別，由來假立名，若了依他起，無別有圓成。不住法者，謂照見身心法相空也。梵語般若，此云智慧，諸法屬意，意屬識，此識是妄。

【金剛三昧經云】所見境界，非我本識，二乘之人，分別諸相，皆是妄識，本識又何可得也？菩薩了知本識，究竟故無分別。

【傅大士曰】慧燈如朗日，蘊界若乾城，明來暗便謝，無暇暫時停，妄心猶未滅，乃見我人形，妙智圓光照，惟得一空名。

【六波羅蜜有總頌云】三大僧祇劫，萬行俱齊修，既悟無人我，長依聖道流，二空方漸證，三昧任遨遊，創居歡喜地，常樂遂亡憂。

【臨濟禪師曰】佛有六通者，謂入色界不被色惑，入聲界不被聲惑，入香界不被香惑，入味界不被味惑，入身界不被觸惑，入意界不被法惑，所以達此六種，皆是空相，不能繫縛，此乃無依道人，雖是五蘊穢陋之身，便是地行菩薩。

【黃蘗禪師曰】本是一精明，分為六和合。一精明者，一心也；六和合者，六根也，各與塵合。眼與色合、耳與聲合、鼻與香合、舌與味合、身與觸合、意與法合，中間生六識為十八界。若了十八界無所有，一切皆空，束六和合為一精明，此乃了悟之人，唯有真心，蕩然清淨。

須菩提，菩薩應如是布施，不住於相。

須菩提啊，菩薩應該這樣去布施，即不著痕跡，不執著於諸相的修行布施。

集註

【六祖曰】應如無相心布施者，為無能施之心，不見有施之物，不分別受施之人，故云無相布施。

【僧若訥曰】應如是布施者，指出色、香等六塵也。不住於相者，乃不住六塵之相。若住相布施者，但是人天果報而已。

【李文會曰】菩薩應如是布施者，謂捨除一切煩惱憎愛之心也。然煩惱本空，皆是妄見，有何可捨？經云：「一切諸有，如夢如幻；一切煩惱，是魔是賊。」

【逍遙翁曰】夫煩惱性，是佛境界；觀煩惱性空，是正修行。學人若止依此觀練精至，不須求別法也。又云夫見性之人，十二時中，凡遇逆順境界，心即安然，不隨萬境所轉，一任毀謗於我。我即不受，惡言謗黷，返自歸己，所謂自作自受者也。譬如有人，手執火炬，擬欲燒天徒自疲困，終不可得。故古德曰：「心隨萬境轉，轉處實能幽，隨流認得性，無喜復無憂。」

何以故？若菩薩不住相布施，其福德不可思量。」

這是為什麼呢？因為菩薩如果能夠自然的布施，不執著於諸相，那麼他因布施而獲得的福德，不可估量。

福德：指過去世及現在世所行的一切善行，以及由於施行這些善行所得到的福利。

集註

【疏鈔云】何以故者，此證問意，施本求福，今令不住於相，其意云何？佛答若菩薩不住相布施，其福德不可思量。若達三輪體空，方名不住相布施。不住者，心不住有為之福也。三輪者，施者、受者、并財等是三輪也。施者，返觀體空，本無一物，故云理空。受者，觀身無相，觀法無名，身尚不有，物從何受，故曰受空。施、受既空，彼此無妄，其物自空，故曰三輪體空。

【陳雄曰】世尊答文殊曰：「財施為凡，法施為聖。蓋凡夫布施，必以滿三千世界七寶，為求福之具。財施也。」此住相布施也。且以人天大福報自期，數盡未免輪迴。菩薩布施，但一心清淨，利益一切，為大施主、法施也。此不住相布施也。雖不邀福，自然離生死苦，受大快樂，歷千劫而不古，超三界以長今，是所謂無限福德，實不可思惟而量度也。佛憫末世眾生被六塵染，未可遽化，姑誘以福德無限之說，使之頓悟法施之會。《維摩經》云：「當為法施之會，何用是財施會為。」

【顏丙曰】住者，著也。菩薩於佛法中，應當無所著布施。布施者，捨施也。所謂不住於色、聲、香、味、觸、法布施。六者謂之六塵，眼貪色、耳貪聲、鼻貪香、舌貪味、情塵相對謂觸，貪著有為謂法。人性清淨，本無六根可得，六塵又向什麼處安頓？所以佛云：「應當如是布施，不住於相。」若不著相捨施，其福德量等虛空，非思量可及。

【傅大士曰】檀波羅蜜布施，頌曰：「施門通六行（六行即六度），六行束三檀

（《疏鈔》云：「三檀者：資生檀、無畏檀、法檀。」布施是資生檀，能資益生諸善法，故曰資生檀；持戒忍辱是無畏檀，因戒淨毀辱不動，心無怖畏，故曰無畏檀；法檀者，精進禪定智慧是也。因定生慧，因慧生種種法，故曰法檀。將此六行束為三檀）。」資生無畏法，聲色勿相干，二邊純莫立，中道不須安（子榮曰：「二邊即有無，二邊不立，有無俱遣，中道何安。」晁文元公曰：「凡夫著有，不見有中之空；二乘著空，不見空中妙有。不著見於二邊，不取相於中道，惟佛知見。」），欲識無生處，背境向心觀。尸波羅蜜持戒頌曰：「尸羅得清淨，無量劫來因，妄想如怨賊，貪愛若參辰（參辰，即參、商二星，一出一沒，常相遠離），在欲而無欲，居塵不染塵，權依離垢地，當證法王身（《圓覺經註》云：「佛為萬法之王。」）。羼提波羅蜜忍辱頌曰（華嚴六十卷羼初眼初鴈二切）：「忍心如幻夢，辱境若龜毛（《華嚴經》云：「無則同於龜毛兔角。」），常能修此觀，逢難轉堅牢。無非亦無是，無下亦無高，欲滅貪瞋賊，須行智慧刀。」毘離耶波羅蜜精進頌曰：「進修名燄地，良為慧光舒，二智心中遣（真、俗二智），三空境上祛，無明念念滅（十二因緣法，無明緣行，行緣識，識緣名色，名色緣六入，六入緣觸，觸緣受，受緣愛，愛緣取，取緣有，有緣生，生緣老死憂悲苦惱），高下執情除，觀心如不間，何啻至無餘。」禪波羅蜜禪定頌曰：「禪河隨浪靜，定水逐波清，澄神生覺性，息慮滅迷情，遍計虛分別，由來假立名，若了依他起，無別有圓成（華嚴合論第四卷云：「遍計所執性。依他起性圓成實性。」）。」般若波羅蜜智慧頌曰：「慧燈如朗日，蘊界若乾城（華嚴四十二卷云：「龍依宮住，而能興雲，有人仰視，所見宮殿，當知是乾闥婆城。」子榮曰：『乾城者，即乾闥婆城，海上龍蜃化現餘氣，人見樓閣，忽爾還無，此破眾生妄執五蘊色身為實。』），明來暗便謝，無暇蹔時停，妄心猶未滅，乃見我人形，妙智圓光照，唯得一空名。」

【智者禪師】萬行齊修頌曰：「三大僧祇劫（阿僧祇數名，阿者無也；僧祇者數也，乃無數劫），萬行具齊修，既悟無人我，長依聖道流，二空方漸證（人法二空），三昧任遨遊（三昧梵語，中國言正定，亦云正見），創居歡喜地，常樂遂無憂。」

【李文會曰】不住於相者，非但見色是相，一切種種分別，皆名為相，如是之相，皆從因緣而生，應知一切分別，皆如夢幻，遇緣即施，緣散即寂。是故佛言：「凡所有相皆是虛妄。」又西明和尚云：「法相若是有，可言住諸相；法相既本無，故言不住相。既不住相布施，其福德更有何思量也。」

【逍遙翁曰】須知諸法，如夢如幻，如影如響，如水中月，如鏡中像。又云：

「了達一切法，不住一切相，心如虛空，自然無礙。心住於相，即屬有法，故知一切法，不住一切相，即能見佛性也。」

【傅大士曰】若論無相施，功德極難量，行悲濟貧乏，果報勿須望，凡夫情行劣，初且略稱揚，欲知檀狀貌，如空遍十方。

【川禪師曰】若要天下行，無過一藝精。頌曰：「西川十樣錦，添花色轉鮮，欲知端的意，北斗面南看。虛空不礙絲毫念，所以張名大覺仙。」

「須菩提，於意云何？東方虛空，可思量不？」

「不也，世尊。」

「須菩提，南、西、北方，四維、上下虛空，可思量不？」

「不也，世尊。」

「須菩提，菩薩無住相布施，福德亦復如是不可思量。須

菩提，菩薩但應如所教住。」

「須菩提啊，你想想看，東方的虛空究竟有多麼廣大，你能夠想像得出來嗎？」

「想像不出來，世尊。」

「須菩提，那麼南方、西方和北方的虛空，甚至是東南、西南、東北與西北及上方和下方的的虛空，究竟有多麼廣大，你可以想像和估量嗎？」

「想像不出來，世尊。」

「須菩提，菩薩的布施，如果能夠不著痕跡，不執著於諸相，而是自然流露，他的福德就像是虛空這樣廣大，無法估量。須菩提，菩薩就應該這樣，不執著於諸相，妄心不起，安放自己的心。」

集註

【李文會曰】不也世尊者，須菩提謂虛空我思量之，實無可思量也。不可思量者，既已覺悟，心無能所，即無我人眾生壽者四相，豈更有可思量。但應如所教住者，謂諸學人，當依佛教，行無所住，必得悟入也。

【謝靈運曰】聖言無謬，理不可越，但當如佛所教而安心耳。

【陳雄曰】佛謂所教之住，與《華嚴經》「住無所住」同。如來教菩薩法，不過住無所住之法，菩薩受如來教，非敢變異，但當如其所教者，以無住為住處。《楞嚴經》云：「得住般若波羅蜜。」《文殊般若經》云：「佛告文殊師利，當云何住般若波羅蜜？文殊言以不住法，為住般若波羅蜜。復問云何不住法，名住般若波羅蜜？文殊言以無住相，即住般若波羅蜜。」此住之法詳矣，無非住無所住之意。《三昧經》云：「如來所說法，悉從於無住，我從無住處，是處禮如來。」

【顏丙曰】四維者，四隅也。如東方、東南方、西方、西北方之類，東西南北及四維上下方，總謂「十方」。佛問如十方虛空可思量不？須菩提答不可思量。蓋大莫大於十方虛空，佛所以借此喻福德也。

【傅大士頌云】欲知檀狀貌，如空遍十方。佛云：「菩薩無住相布施，福德亦復如是。」虛空不可思量測度，菩薩當如佛所指教處住。佛教所謂住者，湛若十方，空無所住而住。又頌曰：「若論無相施，功德極難量，行悲濟貧乏，果報不須望，凡夫情行劣，初且略稱揚。欲知檀狀貌，如空遍十方。」

【川禪師曰】可知禮也。頌曰：「虛空境界豈思量，大道清幽理更長，但得五湖風月在，春來依舊百花香。」

如理實見分第五

「須菩提，於意云何？可以身相見如來不？」

「須菩提，你想想看，我們可不可以從身體上的特徵，來判別誰是如來，誰不是如來？」

身相：身體的相貌特徵。

集註

【寶積如來解曰】如來真身，本無生滅，湛然常住，託陰受形，同凡演化，入神母胎，擐此凡相各別，故云若見諸相非相，即見如來。頌曰：「凡相滅時性不滅，真如覺體離塵埃，了悟斷常根果別，此名佛眼見如來。」

【王日休曰】此如來，乃謂真性之佛也。佛呼須菩提而問之云，可以用三十二相見真性之佛否？

「不也，世尊。不可以身相得見如來。

「不可以的，世尊。我們不能從身體上的種種特徵，來斷定是不是如來。

集註

【王日休曰】此須菩提言否也，而又呼世尊云：「不可以身相得見如來。」是其言否也者，乃大略言之，下乃詳言之也。

【李文會曰】不可以身相得見如來者，須菩提謂色身即有相，法身即無相。色身者，地、水、火、風，假合成人；法身者，即無形叚相貌。色身即是凡夫，法身即是如來。須菩提以凡夫但以色身不見法身，故答是語。

何以故？如來所說身相，即非身相。」

為何這麼說呢？因為如來曾經說過，身體的特徵並不是真實存在的身體特徵。」

集註

【王日休曰】此如來謂色身佛也。須菩提又自問，何故不可以身相見如來？乃自答云，如來所說身相，非是真實，故云即非身相，謂無有真實身相也。

【李文會曰】如來所說身相即非身相者。非者無色，凡夫謂色身是有，執著修行，所以不見佛性，生死轉重，如來法身無相，故言所說身相非身相也。

【華嚴經云】佛以法為身，清淨如虛空。

【雲門大師云】我當時若見，一棒打殺與狗子吃者，此大乘先覺之人。解粘去縛，遣疑破執也。

【黃蘗禪師云】夫學道人，若欲得知要訣，但莫於心上著一物。佛真法身，猶若虛空，此謂法身即虛空，虛空即法身，常人謂法身遍虛空處，虛空中含容法身，不知法身即虛空，虛空即法身也。虛空與法身無異相，佛與眾生無異相，生死與涅槃無異相，煩惱與菩提無異相。離一切相，即名諸佛也。

【川禪師曰】且道只今行、住、坐、臥是什麼相，休瞌睡。頌曰：「身在海中休覓水，日行山嶺莫尋山，鶯啼燕語皆相似，莫問前三與後三。」

佛告須菩提：「凡所有相皆是虛妄，若見諸相非相，即見如來。」

佛告訴須菩提：「一切的形相，都是從人的認識能力發展出來而圈定的形相，如果執著於這些形相，認為事物原來就是那樣，就會變成虛妄的認識。如果我們能領悟到，所有的形相都是虛妄不實的，就可以悟見真正的如來了。」

集註

【陳雄曰】須菩提欲人人見自性，佛所以有即非身相之說，色身是相，中無真實之體，故云皆是虛妄。法身非相，即有真如本體，寓乎其中，若見諸相非相，是見色身中有法身，見自性中有如來而如來，豈可外求，即吾性見矣。《壇經》云：「佛即是性，離性無別佛。」

【顏丙曰】佛問可以身相見如來不？須菩提答不可。如來者，乃自性不屬去來也。四大色身本由妄念而生，若執虛妄身相，而欲見如來之性，譬如認賊為子，終無是處。所以佛告須菩提云：「凡所有相皆是虛妄，若見諸相非相，即見如來。」若能迴光返照，得見身相，無形可得，即是見自性如來。

【李文會曰】凡所有相皆是虛妄者，虛則不實，妄則不真，既不真實，相即非相。又云：「非獨佛身相即無相，凡所有相皆是虛妄。」色身有相，故言虛妄；法身無相，故言非相也。若見諸相非相，即見如來者，言身虛妄，即是人空；言非相者，即是法空。若悟人法二空，即見自性。

【法華經云】一切諸相，皆悉空寂。又云：「或見菩薩，觀諸法性，無有二相，猶如虛空。」

【傅大士頌曰】如來舉身相，為順世間情，恐人生斷見，權且立虛名，假名三十二，八十也空聲（《大藏一覽集．示生品》曰：「菩薩以四月八日，因母晝寢，以示其夢，從右脅入。夫人夢覺，自知身重。菩薩住胎，十月滿足。四月八日，菩薩化從右脅而生自行七步，舉其右手，作師子吼：『天上天下，唯我獨尊。』九龍空中，吐清淨水，灌太子身。三十二相，八十種好，放大光明，普照三千大千世界，即名太子為悉達多，漢言頓吉。」），有身非覺體，無相乃真形。

【川禪師曰】山是山，水是水，佛在甚麼處？頌曰：「有相有求俱是妄，無形無見墮偏枯，堂堂蜜蜜何曾間，一道寒光爍太虛。」

須菩提白佛言：「世尊，頗有眾生，得聞如是言說章句，生實信不？」

佛告須菩提：「莫作是說。如來滅後，後五百歲，有持戒修福者，於此章句能生信心，以此為實。

須菩提請問佛陀：「世尊，後世的眾生在聽聞您今天所說的這些道理後，能不能因此生出信心，實在的了解和相信？」

佛陀告訴須菩提：「你不必有這樣的疑慮。在我滅度後的第五個五百年，如果有遵守戒律、廣修品德的人，能明瞭這些經義道理，從中生出信心，認為這是真實不移的道理。

後五百歲：第五個五百年。

集註

【陳雄】引《華嚴經》云：「信為道源功德母，長養一切諸善法。」《智度論》云：「佛法大海，信為能入。」蓋實信者，實諦之階也。須菩提疑眾生不能生實信，故作此問，而佛恐沮眾生實信之心，且告之以莫作是說。

【僧若訥曰】持戒者，諸惡莫作；修福者，眾善奉行。夫持戒修福者，即種善根者也。

【李文會曰】得聞「如是言說章句，生實信不」者，須菩提謂前說無相行於布施，即是因深；得見無相如來，即是果深。既談因果，切恐如來滅後，濁劫惡世之中，無人聽信，故有是問。

【傅大士曰】因深果亦深，理密奧難尋，當來末法後，惟慮法將沉，空生情未達，聞義恐難任，如能信此法，定是覺人心。有持戒修福者，不著諸相，即是持戒；心常空寂，無諸妄念，即是修福。此人不被諸境所惑，能生信心，以此為實。

【慈受禪師云】念念常空寂，日用有大力，此是三世諸佛行履處，六代祖師行履處，無功之功，功不虛棄。

【川禪師曰】金佛不度鑪，木佛不度火，泥佛不度水。頌曰：「三佛形儀總不真，眼中瞳子面前人，若能信得家中寶，啼鳥山花一樣春。」

當知是人不於一佛二佛三四五佛而種善根，已於無量千萬佛所種諸善根。

要知道，這個人不只是在一佛、二佛或三、四、五佛那裡種下了善根，更是在千萬個數不清的佛面前，種下了深厚的善根。

善根：善之根本。

集註

【李文會曰】不於一佛二佛者，謂一劫一佛出世也。種諸善根者，世間種種善事，不可勝計，大槩止是諸惡莫作，眾善奉行是也。

【法華經云】隨宜方便事，無復諸疑惑，心生大歡喜，自知當作佛。

【傅大士曰】依它非自立，必假眾緣成，日謝樹無影，燈來室乃明。

【六祖曰】何謂種諸善根，所謂於諸佛所，一心供養，隨順教法；於諸菩薩、善知識、師、僧、父母、耆年宿德尊長之處，常行恭敬供養，承順教命，不違其意，是名種諸善根。於一切貧苦眾生散慈愍心，不生輕厭，有所須求，隨力惠施，是名種諸善根。於一切惡類，自行柔和忍辱，歡喜逢迎，不違其意，令彼發歡喜心，息剛戾心，是名種諸善根。於六道眾生不加殺害，不欺不賤、不毀不辱、不騎不箠、不食其肉，常行饒益，是名種諸善根。

【王日休曰】何謂種善根乎，至誠稱其佛號，或拈香一炷，或為一拜，或以一物供養，皆謂之種善根。

【僧若訥曰】顯其已多種善根者，見佛多、聞法多、修行多也。

聞是章句，乃至一念生淨信者，須菩提，如來悉知悉見，是諸眾生，得如是無量福德。

因此，當他聽到這些微妙的經義，便在一念之間，純心靜慮，加以領會。須菩提，如來清楚的知道、清楚的看見，這樣的人所得到的福氣，是無邊無際的。

集註

【六祖曰】信心者，信般若波羅蜜，能除一切煩惱。信般若波羅蜜，能成就一切出世功德；信般若波羅蜜，能出生一切諸佛。信自身佛性，本來清淨，無有染污，與諸佛性，平等無二。信六道眾生本來無相，信一切眾生盡得成佛，是名淨信心也。

【李文會曰】乃至一念生淨信者，謂凡夫於諸法中，起一切善惡凡聖等見，有取捨心，種種妄念，不能生淨信者。菩薩了悟人法二空，無諸妄念，心常清淨，聽信其法，故言一念生淨信也。

【傅大士頌曰】信根生一念，諸佛盡能知，修因於此日，證果未來時。三大經多劫，六度久安施，熏成無漏種（阿毘達摩論云：漏者，令心連注流散不絕，故名為漏。僧問清平和尚曰：「如何是有漏？」平曰：「笊籬。」僧曰：「如何是無漏？」平曰：「木杓。」），方號不思識。

【李文會曰】得如是無量福德者，此謂如來知見眾生，無諸妄念，心常清淨，敬信其法，所得智慧勝妙功德，不可測量。

【川禪師曰】種甘草甜，種黃連苦，作如是因，獲如是果。又曰：「種瓜得瓜，種果得果。」頌曰：「一佛二佛千萬佛，各各眼橫兼鼻直，昔年曾種善根來，今日依前得渠力，須菩提！須菩提！著衣吃飯尋常事，何須特地卻生疑。」

何以故？是諸眾生，無復我相、人相、眾生相、壽者相，無法相，亦無非法相。

為什麼這麼說呢？是因為這些具有善根的眾生，不執著於我就是我的那種「我」，也不認為別人是別人的那種「人」，不認為生命是不變的生命，也不再認為人有不變的靈魂，不執著於什麼是宇宙的本相，或什麼不是宇宙的本相。

法相、非法相：法相是指諸法具有本質的相狀（體狀），或其意義內容（義狀）；非法相是指一切存在現象絕對斷滅的相狀。

集註

【李文會曰】無復我、人、眾生、壽者相者，謂不倚恃名位權勢、財寶藝學、精進持戒、輕慢貧賤愚癡懈怠破戒之流，無能所知解之心，無苟求希望之心，言行相應也。無法相者，經云：心生則一切法生，心滅則一切法滅。心既清淨，諸法皆空，故無取捨一切善惡凡聖等見諸法相也。亦無非法相者，謂不著能知解心，不作有所得心，無人無法，內明實相，外應虛緣也。

【肇法師曰】無法相者，明法非有，遣著有心也。亦無非法相者，明法非無，遣著無心也。

【僧若訥曰】法相者，有見也；非法相者，無見也。捨二邊之著，故云無也。

【圜悟禪師曰】伶俐漢，腳跟須點地，脊梁要硬似鐵，遊人間世，幻視萬緣，把住作主，不徇人情，截斷人我，脫去知解，直下以見性成佛，直指妙心為階梯，及至作用，外應虛緣，不落窠臼，辦一片長久守寂淡身心，於塵勞中透脫去，乃善之又善者也。

【川禪師曰】圓同太虛，無欠無餘。頌曰：「法相非法相，開拳復成掌，浮雲散碧空，萬里天一樣。」

何以故？是諸眾生，若心取相，即為著我、人、眾生、壽者；若取法相，即著我、人、眾生、壽者。何以故？若取非法相，即著我、人、眾生、壽者。

這是為什麼呢？因為一個人的心念中，如果執著於任何形相，那麼他就落入了自我、他人、生命與靈魂的執著中；如果他執著於什麼是宇宙的本相，他也落入了自我、別人、生命和靈魂的執著中；如果他固執的認為什麼不是宇宙的本相，他還是落入了自我、別人、生命與靈魂的執著裡。

集註

【李文會曰】心若取相，即起妄念，故著我、人、眾生、壽者相也。

【圜悟禪師曰】諸佛開示，祖師直指，唯心妙性，徑截承當，不起一念，透頂透底，於見成際，不勞心力，任運逍遙，了無取捨。乃真密印也。

【逍遙翁曰】有念無覺，凡人境界；有念有覺，賢人境界；無念有覺，聖人境界。智者可了知，說則難為說。

【黃蘗禪師謂裴丞相曰】佛與眾生，唯止一心，更無差別。此心無始以來，無形無相，不曾生，不曾滅，當下便是，動念即乖，猶如虛空，無有邊際。唯此一心，即便是佛，佛與眾生，更無別異。但是眾生著相外求，求之轉失，使佛覓佛，將心捉心，窮極盡形，終無所得，不知息念忘慮，佛自現前。此心即是佛，佛即是眾生。為眾生時，此心不滅；為諸佛時，此心不添。遇緣即施，緣散即寂，不假修證，本自具足。若不決定信此是佛，縱使累劫修行，終不成道。取法相者，謂言心外有法，故著諸相也。

【慈受禪師曰】順天門外古招提，爛熳春光照錦溪，物物更無心外法，箇中能有幾人知。

【消遙翁云】欲外安和，但內寧靜，心虛境寂，念起法生，水濁波昏，潭清月朗，修行之要，靡出於斯。

【黃蘗禪師曰】造惡造善，皆是著相。著相造惡，枉受輪迴，著相造善，枉受勞苦，都總不如便自認取本心。心外無法，此心即法，法外無心，將心無心，心卻成有，一切在我默契而已。若取非法相者，謂有取捨善惡凡聖等相也。

【傅大士曰】人空法亦空，一相本來同，遍計虛分別，依他礙不通，圓成沉識海，流轉若飄蓬（圓成之理，墮在識海，流轉生死，有若飄蓬），欲識無生理，心外斷行蹤，是不著諸法相也。

是故不應取法，不應取非法。

所以，既不該執著於任何形相，也不該執著於任何非形相。

集註

【李文會曰】不應取法不應取非法者，此謂有無俱遣，語默雙亡。若取法相，即有法執，若取非法相，即有空執，有執則煩惱熾然，無執則信心清淨。

【傅大士頌曰】有因名無號，無相有馳名，有無無別體（有之與無，本無各別之體），無有有無形（有無之形，本來無有），有無無自性（有無之間，無此自性），妄起有無情（有無之情，人自妄起），有無如谷響，勿著有無聲。

【川禪師曰】金不博金，水不洗水。頌曰：「得樹攀枝未足奇，懸崖撒手丈夫兒，水寒夜冷魚難覓，留得空舡載月歸。」

以是義故，如來常說：『汝等比丘，知我說法，如筏喻者，法尚應捨，何況非法。』」

因為這個緣故，所以如來常常說：『你們這些修行者啊，要知道，我所說的那些道理都是比喻，就像是渡河的竹筏一樣，渡過河後，就該捨去。』我所說的一切尚且如此，更何況是那些與佛法相違背的非法呢。」

集註

【王日休曰】筏，謂編竹木成牌以渡人，乃過水之具，亦舡之類也。以是義理之故，乃指上文所言之意也。佛嘗謂汝等比丘，當知我之說法，如舡筏之譬喻，是未渡之時，不可無舡筏。喻若未了悟真性之時，不可無佛法也。既渡之後，則不須舡筏，喻既了悟真性之後，即不須佛法也。如此則既悟之後，佛法尚當捨去，則非佛法而為外道法者，尤當捨去，故云法尚應捨，何況非法。

【傅大士頌曰】渡河須用筏，到岸不須舡，此言盡之矣。

【僧若訥曰】筏喻經云：「若解筏喻者，善法尚捨，何況不善法。如欲濟川，先應取筏，至彼岸已，捨而去之。」

【顏丙曰】法相屬有，非法相屬無，乃兩頭見，直須截斷，是故不應取法，不應取非法，以此義故。如來常說汝等比丘知我說法，如筏喻者。筏乃大舡也，譬如人未渡河，須假舡筏，既到彼岸，當離其筏，不可執著也。人未出生死愛河，須假佛法，方得度脫。法亦當捨，所以趙州道佛之一字，吾不忍聞，佛法尚應捨，何況非佛法。

【李文會曰】執有說空，因何用筏；有執既喪，空說奚存；既已渡河，那更存筏。

【傅大士曰】渡河須用筏，到岸不須舡，人法知無我，悟理詎勞筌。中流仍被溺，誰論在二邊（子榮曰：「存心中道，尚被流溺，中道不立，二邊何安。」），有無如取一，即被污心田。且未見性之時，在於死生海中，遇善知識教以言說，分別法相，得見自性，不可更執著也。法尚應捨，何況非法者。經云：「若人欲識佛境界。當淨其意如虛空。」無一法而建立，法尚應捨，何況非法乎。

【川禪師曰】水到渠成。頌曰：「終日忙忙，那事無妨。不求解脫，不樂天堂。但能一念歸無念，高步毘盧頂上行。」

無得無說分第七

「須菩提，於意云何？如來得阿耨多羅三藐三菩提耶？如來有所說法耶？」

須菩提言：「如我解佛所說義，無有定法，名阿耨多羅三藐三菩提，亦無有定法，如來可說。

佛陀又說：「須菩提，你怎麼想？如來是不是得了至高無上的覺悟？如來真的說過什麼法嗎？」

須菩提回答，「以我所了解佛說的義理來看，沒有一種固定的法，可以稱得上是至高無上的覺悟，也沒有一種固定的法，是如來所宣說的。

集註

【僧若訥曰】空生領解佛旨，乃云第一義中，無有定實之法可得，亦無有定實之法可說。

【陳雄曰】《楞伽經》論七種空有曰：「一切法離言說空，第一義聖智大空。」如來了真空之妙，固無法可得，亦無法可說，是以設為之問。無上菩提，乃第一義，深妙難名，或持戒忍辱而得之，或精進禪定而得之，或聚沙為塔、或稱南無，皆已得之，豈可拘以定法而名之哉。如來憫眾生之未悟，安得嘿然而離說，或為志求勝法者說，或為求無上慧者說，或為求聲聞者說（《傳心法要》曰：「自聲教而悟者為聲聞。」），或為求辟支佛者說（《法華經》曰：「樂獨善寂，是名辟支佛乘。」），應機而酧，隨即而答，寧有定法耶？佛盡變通之義，無執無著，須菩提兩言無有定法，非能解佛所說義乎。

【李文會曰】如來有所說法耶者，佛所問意，恐謂如來有所說也。無有定法者，根器有利鈍，學性有淺深，隨機設教，對病用藥。

【法華經云】諸根利鈍，精進懈怠，隨其所堪而為說法，是故法無定相，迷悟懸殊，若未悟時，以無所得，若悟了時，似有所得。得與不得，皆是妄見，但不可執著自契中道，豈有定法可說耶！

【川禪師曰】寒即言寒，熱即言熱。頌曰：「雲起南山雨北山，驢名馬字幾千般，請看浩渺無情水，幾處隨方幾處圓。」

何以故？如來所說法皆不可取，不可說，非法非非法。

為什麼這樣說呢，因為如來所說的法義，都是不可執取、不能用言語表達，他說的既不是一切的現象，但也不是否定的現象。

集註

【謝靈運曰】非法則不有，非非法則不無，有無並無，理之極也。

【王日休曰】此法為眾生而設，非有真實之法，故云非法。然亦假此以開悟眾生，又不可全謂之非法，故云非是非法也。

【陳雄曰】如來所說者，無上菩提法也。可以性修，而不可以色相取，徒取，則何以深造於性理之妙；可以心傳，而不可以口舌說，徒說，則何以超出於言行之表。須菩提所以辨論兩言其不可也。是法也，微妙玄通，深不可識，一以為有耶？雖有而未嘗有，一以為無耶？雖無而未嘗無，此非法非非法之意，真空不空，其若是乎。

【李文會曰】不可取者，空生深恐學人不悟如來無相之理；不可說者，深恐學人執著如來所說章句也。非者，無也。非非者，不無也。

【黃蘗禪師曰】法本不有，莫作無見，法本不無，莫作有見。謂無即成斷滅，謂有即成邪見。

【傅大士曰】菩提離言說，從來無得人，須依一空理，當證法王身（子榮曰：「先悟人法二空，然後證涅槃妙果。」），有心俱是妄，無執乃名真，若悟非非法，消遙出六塵。

【川禪師曰】是什麼？頌曰：「恁麼也不得，不恁麼也不得，廓落太虛空，鳥飛無影跡，咄。撥轉機輪卻倒回，南北東西任往來。」

所以者何？一切賢聖，皆以無為法而有差別。」

到底為什麼會變成這樣呢？事實如此，那些聖人或智者，都洞察到這種無以言說的道理，但他們也以各自不同的言詞或方式，試圖述說這個不可說的道理。就像萬花即使顏色不同、姿態各異，都展示著生機。」

集註

【疏鈔曰】未了人空法空，皆名執著，了此二法，即曰無為。菩薩能齊證二空，聲聞方離人空，未達法空，故云離一非，以證前之義，故云而有差別。

【六祖云】三乘根性，所解不同，見有淺深，故言差別，佛說無為說者，即是無住，無住即無相，無相即無起，無起即無滅，蕩然空寂，照用齊施，鑑覺無礙，乃真是解脫佛性。佛即是覺，覺即是觀照，觀照即是智慧，智慧即是般若也。

【王日休曰】其言聖賢，以無為法而有差別者何哉？蓋謂於無為法得之淺者，則為賢人，若須沱洹之類是也；得之深者，則謂聖人，若佛與菩薩是也。此所以為差別歟。

【顏丙曰】佛問須菩提，如來得阿耨多羅三藐三菩提耶？如來有所說法耶？答云：如我解佛所說義理，皆無一定之法，可名可說，何故如來所說法，如人飲水，冷暖自知，不可取，不可說，非法非非法。法屬有，非法屬無，執有著相，執無落空，所以道不是法，不是非法，又以者用也。無為者，自然覺性，無假人為，故一切賢聖，皆用此無為之法。然法本無為，悟有淺深，遂生差別，見到頭則一也。

【李文會曰】無為法性，本無淺深定相可取，若有定相，應無差別，有差別者，謂根有利鈍、學有淺深，故曰差別。既有差別，即無定相也。

【海覺元禪師曰】一金成萬器，皆由匠者智，何必毘耶城，人人說不二。

【傅大士曰】人法俱名執，了即二無為，菩薩齊能證，聲聞離一非，所知煩惱盡，空中無所依，常能作此觀，證果定無疑。

【川禪師曰】毫釐有差，天地懸隔。頌曰：「正人說邪法，邪法悉歸正；邪人說正法，正法悉皆邪。江北成枳江南橘，春來都放一般花。」

「須菩提，於意云何？若人滿三千大千世界七寶，以用布施，是人所得福德，寧為多不？」

佛陀問：「須菩提，你想想看，如果有人能夠將充滿三千大千世界的所有珍寶，都拿出來布施他人，他所獲得的功德和福氣大不大？」

三千大千世界：出於古印度人的宇宙觀。古印度人認為，以須彌山為中心，周圍環繞著四大洲及九山八海，此稱為「一小世界」，而以一千個一小世界為集，就形成一個「小千世界」，又一千個小千世界，可集成一個「中千世界」，再一千個中千世界集成一個「大千世界」。因為大千世界因為是由小千、中千和大千三種千世界所集成，故稱三千大千世界。但根據正確推定，所謂三千世界，實際上是指十億個小世界，而三千大千世界，實際上是指千百億個世界。另外在佛典中，又稱三千世界是一佛所教化的領域，故稱「一佛國」。

【王日休曰】三千大千世界者，此日月所照，為一小世界。其中間有須彌山，日月遶山運行，故南為閻浮提，東為佛婆提，西為瞿耶尼，北為鬱單越，是名四天下。日月運行，乃在須彌山之中腰，故此山之高，其半出日月之上，山上分四方，每方分八所，中間又有一所，共三十三所，謂之三十三天，梵語謂之忉利天是也。日月運行於此四天下，謂之一小世界，如此一千小世界，謂之小千，如此一千小千世界，謂之中千，如此一千中千世界，謂之大千。以三次言千字，故云三千大千，其實則一大千耳，如此方謂之一大世界。寧為多不者，此寧字，乃譯師之言，蓋若助辭耳，不必深考也。

【六祖曰】此是如來問起此意如何，布施供養，身外之福，受持經典，身內之福。身福即衣食，性福即智慧。雖有衣食，性中愚迷，即是前生布施供養，不持經典；今生聰明智慧，而貧窮無衣食者，即是前生持經聽法，不布施供養。外修福德即衣食，內修福德即智慧，錢財見世之寶，般若在心之寶，內外雙修，方為全德。此是讚歎持經功德，勝布施福也。

【疏鈔云】七寶者，金、銀、琉璃、珊瑚、瑪瑙、赤真珠、玻璃。佛意欲顯無為之福，先將有漏之福，問及善現。三千世界盡著七寶以用布施作福，所得其福德寧為多不？下文須菩提答。

須菩提言：「甚多，世尊。何以故？是福德即非福德性，是故如來說福德多。」

須菩提說：「很多，世尊。為什麼說福德很多呢？因為這種福德是人世間有相的福德，只能勉強說它是福德，但還不是真正、超越、無相的福德。但是為了順應世俗的理解，所以如來說福德很多。」

集註

【謝靈運曰】福德無性，可以因緣增多，多則易著，故即遣之。

【六祖曰】三千大千世界七寶持用布施，得福雖多，於性一無利益。依摩訶般若波羅蜜多修行，令自性不墮諸有，是名福德性。心有能所，即非福德性；能所心滅，是名福德性。心依佛教，行同佛行，是名福德性；不依佛教，不能履踐佛行，即非福德性。

【僧若訥曰】空生謂大千七寶，寶豐福勝，故曰甚多。是福德者，事福也；即非福德性者，非般若福德種性。既非理福，不趨菩提也。是故如來說福德多者，於世間事福，乃云多也。

【僧子榮曰】住相布施，唯成有漏之因，而得人天福業報；離相持經，則證無為之理，得福無有邊際。

【陳雄曰】聚寶布施，持經精進，皆六度之一也。佛化度眾生，未嘗沮其布施，而獨喜其精進。蓋謂世人計著，多用金銀、琉璃、珊瑚、瑪瑙、真珠、玻璃，為求福地，殊不知以覺性之寶，修其性上福德，故併為二者設為之問，以較其優劣，持經精進者，率性而修也。性彌滿六虛，其福德亦如是，夫是之謂福德性。聚寶布施者，藉物而修也，物有限而其福亦有限，又非福德性之比。故須菩提辨論曰：「是福德即非福德性。」且斷之曰：「如來說福德多者。」以其有限，得以計其多寡故也。五祖嘗曰：「自性若迷，福何可救。」六祖亦曰：「功德在自性，不是布施供養之所求。」又曰：「自悟自修，是自性上功德。」二佛之言，深契玄旨。

【顏丙曰】佛問若人滿世界七寶捨施，得福多不？須菩提答福德雖多，畢竟非福德性。

【川禪師曰】三千大千世界七寶布施，此是住相布施，希求福利，得福雖多，而於識心見性，了無所得，故事向無心得。頌曰：「寶滿三千及大千，福緣應不離人天，若知福德元無性，買得風光不用錢。」

【傅大士曰】寶滿三千界，齎持作福田，唯成有漏業，終不離人天。故知住相布施，即非福德性，若人心無能所，識心見性，方名福德性也。

「若復有人，於此經中，受持乃至四句偈等，為他人說，其福勝彼。

佛陀說：「但如果有一人，能夠接受我所說的這部經中的一小部分，即使只有其中的四句，但若他能領會，還能夠向其他人解說，那麼他所獲得的福德，比先前那個人還要多。

集註

【疏鈔云】此經者，人人俱有，箇箇周圓，上及諸佛，下及螻蟻，亦具此經，即妙圓覺心是也，無物堪比。

【顏丙曰】復有人於此經中受持，乃至四句偈等，受者，直下承受；持者，時時行持，更為他人解說。如一燈傳百千萬燈，其福勝彼。如何便見得勝彼處？彼以七寶乃住相布施，縱得濁福，福盡墮落。此因經悟性，四句現前，福等太虛，歷劫不壞，故云住相布施生天福，猶如仰箭射虛空，勢力盡，箭還墜，招得來生不如意，爭似無為實相門，一超直入如來地。又四句決疑《金剛經》者，乃《大藏經》之骨髓，而四句偈者，又《金剛經》之骨髓。若人受持是經，而不明四句下落，又豈能超生脫死而成佛作祖也哉。古今論四句偈者不一，或指聲、香、味、觸、法是，或指經中二偈是，或云若見諸相非相即見如來，或云眼、耳、鼻、舌，或云有為句、無為句，非有為句、非無為句，或云有諦無諦，真諦俗諦……各執己見，初無定論。唯《銅牌記》云：「天親菩薩升兜率宮，請益彌勒：『如何是四句偈？』彌勒云：『無我相，無人相，無眾生相，無壽者相是也。』六祖大師復以摩訶般若波羅蜜多是也。」若果執此兩轉語，便為倒根，何異數他人珍寶。於自己無半文之分。幸而傅大士曾露箇消息，最是親切云：「若論四句偈，應當不離身。」以是而觀，則四句偈者，初不假外求，而在吾心地明了，方真四句也。不然六祖何以註四句偈云：「我人頓盡，妄想既除，言下成佛！」向使此偈可以言傳面命，可以聰明測度而到，則我佛乃天人之師，住世四十九年，廣為眾生說法，三百五十度，而於此經凡一十四處舉四句偈，而終不明明指示端的，豈我佛吝其辭而不為說破耶？蓋恐人執指為月，而徒泥紙上之死句，而不能返觀內照於自己之活句也。且我佛尚不敢執著指示，況其餘者乎。吾之所謂活句者，死生不能汨，凡聖立下風，在於常行日用中，字字放光，頭頭顯露，初無一點文墨污，若是箇漢，直下承當，早是蹉過了也。何更容些小見識解會，而分別此是彼非也。唯有過量人方知鼻孔原來在面上。

【傅大士頌曰】寶滿三千界，賚持作福田，唯成有漏業，終不離人天，持經取四句，與聖作良緣，欲入無為海，須乘般若船。

【玄宗皇帝云】三千七寶雖多，用盡還歸生滅；四句經文雖少，悟之直至菩提。

【百丈禪師曰】眼、耳、鼻、舌，各各若不貪染一切諸法，是名受持四句偈，亦名四果仙人，亦名六通羅漢。若能受持乃至四句偈等，功德廣大，勝彼三千大千世界七寶布施也。

【陳雄曰】《三昧經》云：「一切佛法，攝在一四句偈中。」故得之者不在於文字之多，但一念頃，即入實諦，而其性天昭徹矣。若更有勤行修進，受之不忘於心，持之不厭其久，說之普得聞知，非特覺一己之性，且將覺億萬人之性，其為福德莫大焉，比之多施七寶之福為勝。

【李文會曰】受持者，身口意皆清淨是也。曉解經義，依教而行，如舡如海，無所不通，亦名受持。既不曉解經義，而又懈怠，心口相違，如入小港，即有斷絕，非受持也。四句偈，川禪師註載在卷末應化非真分中。

【張若盡曰】佛為無上法王，金口所宣，聖教靈文，若一誦之則為法輪轉地，夜叉唱空，報四天王。天王聞已，如是展轉，乃至梵天通暗通明，龍神悅懌，猶如綸言，誕布詔令，橫流寰宇之間，孰不欽奉誦經之功。其旨如此，若止形留神往，外寂中搖，尋行數墨而已，何異春禽晝啼，秋蛩夜鳴，雖千萬遍果何益哉。池陽薌山因禪師遣僧往大通鎮陳宅求經，頌曰：「燈籠露柱熾然說，莫學驢年紙上鑽，看經須具看經眼，多見看經被眼謾。」

何以故？須菩提，一切諸佛，及諸佛阿耨多羅三藐三菩提法，皆從此經出。

我為什麼這樣說呢，是因為所有一切的佛，以及一切佛所具有的至高無上的覺悟，都是從這部經所包含的智慧中產生的。

集註

【疏鈔云】經云三世諸佛，及阿耨菩提一切妙法，皆從此經出。即明持經果滿顯前義也。又多《心經》云，三世諸佛，依般若波羅蜜多故，得阿耨菩提，亦同此義。又忠國師云：「茲經喻如大地，何物不從地之所生，諸佛惟指一心，何法不從心之所立。」故云皆從此經出。

【王日休曰】阿耨多羅三藐三菩提，謂真性也。一切諸佛阿耨多羅三藐三菩提法者，謂諸佛求真性之法也。何以故者，佛自問何故於此經受持講說，所得福德勝於彼三千大千世界七寶布施也。乃自答云，一切諸佛，求真性之法，皆從此經出。則此經之功為極大而且無窮矣。

【顏丙曰】何以故一切諸佛，及阿耨多羅三藐三菩提法，皆自此經出者，蓋《大藏經》及從上諸佛無上正等正覺之法，皆出自此經。此經者此外，無餘經也。

【僧若訥曰】「皆從此經出」者，非指此一經文句語言，乃指實相般若即是一心，遍為諸法性體，自己一念能生一切法故。

【李文會曰】無相福德生出應身，無相智慧顯出真身，謂從自己心中出菩提法也。

【川禪師曰】且道此經從甚處出，須彌頂上，大海波心。頌曰：「佛祖垂慈實有權，言言不離此經宣，此經出處還相委，便向雲中駕鐵船，切忌錯會。」

須菩提，所謂佛法者即非佛法。」

須菩提啊，所謂佛所說的道理，其實不是佛的道理啊。它是自然之物，明白的放在那裡。而佛所說的，也只是明白放在那裡的自然之物，並不是佛本身有什麼道理要說。」

集註

【王日休曰】佛於此再呼須菩提而告之，所謂佛法者，乃上文所謂阿耨多羅三藐三菩提法也。佛恐人泥於有此佛法，故云所謂佛法者，非有真實佛法，乃虛名為佛法而已。蓋謂佛法本來無有，唯假此以開悟眾生耳，是於本性中非為真實也。

【六祖曰】如來所說佛者令人覺，所說法者令人悟，若不覺不悟，取外佛外法者，即非佛法也。

【顏丙曰】所謂佛法即非佛法者，隨說隨剗也。

【李文會曰】二乘之人執著諸相以為佛法，遂乃向外尋求。

【文殊師利云】一切眾生愚迷顛倒，不知覺悟，種種修行，不離身內，若於身外修行，無有是處。菩薩於諸佛法，都無染著，亦不捨離，見如不見，聞如不聞，心境空寂，自然清淨，是故佛法非佛法也。覺道之人，既能覺悟諸相皆空，但用所得知解做藥，治箇心中妄想執著之病，心地自然調伏無罣礙也。

【川禪師曰】能將蜜棗子，換汝苦葫蘆。頌曰：「佛法非法，能縱能奪，有放有收，有生有殺。眉間常放白毫光，癡人猶待問菩薩。」

一相無相分第九

「須菩提，於意云何？須陀洹能作是念：『我得須陀洹果』不？」

須菩提言：「不也，世尊。何以故？須陀洹名為入流，而無所入，不入色、聲、香、味、觸、法，是名須陀洹。」

佛問道：「須菩提，你覺得，已經證得須陀洹聖果的修行人，會認為他自己已經到達須陀洹的境地了嗎？」

須菩提說：「不會，世尊。為什麼呢？因為須陀洹的意思是『入流』，就是入世界之流。但世界之流永遠在流動，一個人無論投入或不投入，都在其中流動。須陀洹之所以稱為須陀洹，是因為他不執著於色、聲、香、味、觸、法等感官所感受到或心智所思考的事物，因此才被稱為須陀洹。」

須陀洹：聲聞乘四果中最初之聖果，又稱「初果」，即斷盡「見惑」之聖者所獲得的果位。

集註

【陳雄曰】須陀洹、斯陀含、阿那含、阿羅漢，此四羅漢在一切凡夫人中為第一。佛告彌勒菩薩，於《法華經》嘗言之矣。告大慧菩薩，於《楞伽經》亦詳言之。《大涅槃經》，佛言有比丘欲得須沱洹果、斯陀含果、阿那含果、阿羅漢果，當勤修習奢摩他、毘婆舍那二法。《大般若經》有預流果、一來果、不還果、阿羅漢果，正此之所謂四果也。又云修行般若波羅蜜多時，不著預流果、不著一來果、不還果、阿羅漢果，抑又見四羅漢得是果，而不存所得心也。今我佛恐四羅漢不知以無念為宗。尚萌所得之念。故設四問以為能作得果得道之念不？須菩提皆以不也答之，復為之辨論，以形容其所得之實。夫入流者，初入其門得預聖人之流也。須陀洹已證入流之果，名為入流，且心無所得，故曰而無所入，其所以無所入者，不入六塵境界耳，名須陀洹，其以是歟。

【李文會曰】問第一果須陀洹者，知身是妄，欲入無為之理，斷除人我執著之相，以無取心，契無得理；無取則心空，無得乃理寂。雖然能捨粗重煩惱，而未能離微細煩惱，此人不入地獄，不作修羅餓鬼異類之身，此謂學人悟初果也。

【逍遙翁云】夫煩惱者，菩提之根本也。若人照了練習，可為出世之法，譬如高源陸地不生蓮花，蓮花生於淤泥濁水中也。又云煩惱勿令損於菩提心，譬如日月翳於煙雲中，而日月必無損也。珠玉落於泥滓中，珠玉亦無損也。莫管煩惱障，但存菩提心。入流者，謂捨凡入聖，初入聖流也。而無所入者，修無漏業，不入六塵，然終未能捨離塵境。

【傅大士曰】捨凡初入聖，煩惱漸輕微，斷除人我執，刱始證無為，緣塵及身見，今者乃知非，七反人天後，趣寂不知歸。不入色聲香味觸法者，厭喧求靜，六塵之境，於念未忘，所以不入色聲香味觸法也。

【圜悟禪師曰】報緣未謝，於人間世上有許多交涉，應須處之使綽綽然有餘裕始得，人生各隨緣分，不必厭喧求靜，但令中虛外順，雖在鬧市沸湯中，亦恬然安穩，纔有纖毫見刺，即便打不過也。

「須菩提，於意云何？斯陀含能作是念：『我得斯陀含果』不？」

須菩提言：「不也，世尊。何以故？斯陀含名一往來，而實無往來，是名斯陀含。」

佛問道：「須菩提，你覺得，已經證得斯陀含聖果的修行人，會認為他自己已經到達斯陀含的境地了嗎？」

須菩提說：「不會，世尊。為什麼呢？因為斯陀含的意思是『來去世間一趟』，但其實並沒有所謂『來去世間』。斯陀含和所有眾生一樣，都只是存在於這個世間而已，因此才被稱為斯陀含。」

斯陀含：即獲得初果的聖者，進而更斷除欲界一品至五品之修惑，至此以後，不再受生。又稱為斯陀含果，或一來果。

集註

【肇法師曰】一往來者，一生天上，一生人中，便得涅槃，故名一往來。而實無往來者，證無為果時，不見往來相也。

【六祖曰】斯陀含人，名一往來，行從天上，卻得人間生，從人間死，卻生天上竟。欲界九品思惑，斷前六品盡，名斯陀洹果。大乘斯陀含者，目睹諸境，心有一生一滅，無第二生滅，故名一往來。

【王日休曰】一往來者，但色身一次往來天上人間，而真性遍虛空世界，豈有往來哉，故此色身往來非為真實，但虛名為一往來而已。故云實無往來，以色身非真實故也。

【陳雄曰】一往來者，一往天上，一來人間，不復再來人間也。斯陀含已證一來之果，名一往來，且心無所得，而實無生滅相，名斯陀含其以是歟。

【李文會曰】問第二果斯陀含者，是漸修精進之行，修無漏業，念念不住六塵境界，然終未有湛然清淨之心。一往來者，謂人間報謝，一往天上，卻來受生也。

實無往來者，謂前念纔著，後念即覺，是無得果之心。心既無我，誰云往來？故曰而實無往來也。

「須菩提，於意云何？阿那含能作是念：『我得阿那含果』不？」

須菩提言：「不也，世尊。何以故？阿那含名為不來，而實無不來，是故名阿那含。」

佛問道：「須菩提，你覺得，已經證得阿那含聖果的修行之人，會認為他自己已經到達阿那含的境地了嗎？」

須菩提說：「不會，世尊。為什麼呢？因為阿那含的意思是『不來世間』，但其實並沒有所謂『不來世間』這回事。阿那含一直都在世間，因此才被稱為阿那含。」

阿那含：聲聞四果中第三果的聖者，已斷盡欲界九品之惑，不再還來欲界受生。

集註

【僧若訥曰】梵語阿那含，此翻不來，已斷欲界思惑，更不來生欲界，故名不來而實無不來者，謂不計不來相也。

【陳雄曰】不來者，謂不來欲界受生也。阿那含已證不來之果，名為不來，且心無所得，而實無不來之相，名阿那含，以是之故，豈他在耶？

【李文會曰】第三果阿那含者，已悟人法俱空，漸修精進，念念不退菩提之心，名為不來者，謂能斷除，內無欲心，外無欲境，已離欲界，不來受生，故名不來，心空無我，孰謂不來，故云而實無不來也。

【傅大士頌曰】捨凡初入聖，煩惱漸輕微，斷除人我執，創始至無為，緣塵及身見，今者乃知非，七返人天後，趨寂不知歸（《佛說四十二章經》曰，佛言「阿羅漢者，能飛行變化，曠劫壽命，住動天地。次為阿那含，阿那含者，壽終魂靈上十九天，於彼證阿羅漢。次為斯陀含，斯陀含者，一上一還，即得阿羅漢，一上天上，一還人間。次為須陀洹，須陀洹者，七死七生，便證阿羅漢」。又《十六菩薩因果頌》阿氏多尊者頌曰：「萬行周通能覺住，驅除煩惱更勤修，七生七死方成道，初等陀洹入聖流。」一子榮曰：「七返人天後者，七度往返天上人間受生，謂初果須陀洹人。趣寂不知歸者，第四果證得阿羅漢，已悟人法二空，怕染著世間生死，一向灰心滅智，入無餘界，沉空寂滅，不來塵世，化導度生，為有智無悲，不能入生死界且自利也。」）。

【川禪師曰】諸行無常，一切皆苦。頌曰：「三位聲聞已出塵，往來求靜有疏親，明明四果原無果，幻化空身即法身。」

「須菩提，於意云何？阿羅漢能作是念：『我得阿羅漢道』不？」

須菩提言：「不也，世尊。何以故？實無有法名阿羅漢。世尊，若阿羅漢作是念：『我得阿羅漢道』即為著我、人、眾生、壽者。

佛問道：「須菩提，你覺得，已經證得阿羅漢聖果的修行之人，會認為他自己已經到達阿羅漢的境地了嗎？」

須菩提說：「不會，世尊。為什麼呢？因為阿羅漢的意思是『可敬』，但實際上，世間並沒有一種境地被稱為『可敬』。因此，如果阿羅漢生出以為自己得到可敬成果的想法，他就落入了自我、別人、生命與靈魂這四種形相的執著中，也不再是可敬者了。

阿羅漢：為聲聞四果之一，如來十號之一。指斷盡三界見、思之惑，證得盡智，而堪受世間大供養的聖者。

集註

【謝靈運曰】阿羅漢者，無生也。相滅生盡，謂之無生，若有計念，則見我人起相也。有註云：「阿羅漢者，生已盡，行已立，所作已辨，不受後有。故於諸相諸法實無所得，更不於三界內受生，故名不生。」

【僧若訥曰】阿羅漢者，名含三義：一殺煩惱惑使，二後報不來，三應受人天供養。亦謂之無學果，自初果至阿羅漢果，無別有法，皆同證此無為之體，無可取捨，故云實無等。又曰：「若阿羅漢起得果之念，即有著我人等過。」

【陳雄曰】諸漏已盡，無復煩惱，名阿羅漢。阿羅漢心行般若波羅蜜故，法得是道，若自有法，是所得心未除，何以稱是名哉。故曰：「實無有法名阿羅漢。」

《法華經》云：「於諸法不受，亦得阿羅漢。」正謂此耳。自須陀洹而至於阿羅漢，自得果而至於得道，如是次第修，則菩提無上道，可以次第到。

【顏丙曰】四果修行，名四不還。須陀洹名為入流者，隨順世間也，而無所入者，本性空故，居塵不染塵之說；斯陀含名一往來者，色身雖有來去，而法身湛然不動，而實無往來也；阿那含名為不來者，離生死義，而實無不來者，假名不來，實無動靜；阿羅漢能作是念而得道者，是為著相，實無有法，但假名為阿羅漢。

【陳雄曰】世尊者，啟咨之辭也。念者，萌之於心也。須菩提啟咨世尊曰，設若阿羅漢作得道之念，是萌所得心，則四著謬妄，無不為已，故曰即為著我、人、眾生、壽者。

【李文會曰】問第四果阿羅漢者，此是梵語，由須菩提當此果也。諸漏已盡，無復煩惱，實無有法者，謂無煩惱可斷，無貪瞋可離，情無逆順，境智俱亡，豈有得果之心。我心既空，無得道念，若於道有得，於法有名，是凡夫之行，即著我、人、眾生、壽者相也。

世尊，佛說我得無諍三昧，人中最為第一，是第一離欲阿羅漢。世尊，我不作是念：『我是離欲阿羅漢。』

世尊，佛陀說我深深領會了無爭的道理，是人裡面最最第一的人，是第一等離卻了欲望的阿羅漢。世尊，我不會有這樣的想法，認為自己是離卻了欲望的阿羅漢，因為一個真正離卻欲望的人，不會感覺到自己離卻慾望，否則他就沒有離淨欲望。

集註

【六祖曰】三昧梵音，此云正受，亦云正見。遠離九十五種邪見，是名正見。

【王日休曰】梵語三昧，亦云三摩地，亦云三摩提，此云正定，亦云正受，乃謂入定思想法也。正定者，謂入定之法正也；正受者，謂定中所想境界，而受之非是妄想，故云正受。世人不知此理，乃謂三昧為妙趣之意，故以善於點茶者，謂得點茶三昧、善於簡牘者，謂得簡牘三昧，此皆不知出處，妄為此說也。於此三昧人之中，須菩提為第一。

【僧若訥曰】無諍者。《涅槃經》云：「須菩提住虛空地，若有眾生嫌我立者，我當終日端坐不起；嫌我坐者，我當終日立不移處。」一念不生，諸法無諍，言三昧者，得此無諍精妙之處，於諸弟子中最為第一。

【李文會曰】三昧者，梵語也。此名正定。心心無生滅，名為正定，故云三昧。人中最為第一，離欲阿羅漢者，能離一切法，亦無離欲之心，微細四相，皆已滅盡，愛染不生，故謂之離欲耳。又曰無我心寂，不作是念，我是離欲得道果者，若作是念，即是心有生滅，不名離欲阿羅漢也。

【川禪師曰】把定則雲橫谷口，放行則月落寒潭。頌曰：「喚馬何曾馬，呼牛未必牛，兩頭都放下，中道一味休，六門迸出遼天鶻，獨步乾坤總不收（《六祖壇經》曰：「六門，六根也。」禪宗禪古白雲瑞曰：「趙州放出遼天鶻。」）。」

世尊，我若作是念：『我得阿羅漢道。』世尊則不說須菩提是樂阿蘭那行者。以須菩提實無所行，而名須菩提，是樂阿蘭那行。」

世尊，我如果有這種念頭，覺得自己達到阿羅漢的境地，世尊就不會說，須菩提是一個安樂於無爭，在山林中寂居靜修的阿蘭那行者。正因為我須菩提並不存有對修行的執著心念，只是假名為須菩提，所以才是一個歡喜修行、安樂於無爭的修行者。」

阿蘭那：阿蘭那，原意為「樹林」。指在山林中寂居清修的人。

集註

【僧若訥曰】阿蘭那，此翻無諍。世尊雖稱歎我，我實不作是念。若作是念，世尊不應記我無諍之行最為第一。又曰離三界欲，證四果法，得無諍三昧，方受須菩提名，以須菩提翻為空生，故云是樂阿蘭那行。若計著實有所行，則非無諍行也。

【陳雄曰】三昧梵語，此言正受也。無生法忍，證寂滅樂，是所謂無諍三昧也。《華嚴經》云：「有諍說生死，無諍即涅槃。」六祖偈曰：「諍是勝負心，與道相違背，便生四相心，何由得三昧。」須菩提證真空無相之妙，得六萬三昧，而無諍三昧為最。以三昧力超出物表，不為物役，名為第一離欲阿羅漢宜矣。且啟咨世尊曰：我不作如是之念。則須菩提不存所得心可知。又曰須菩提恐大眾不知去所得心，是以啟咨世尊，至於再四。我者，須菩提自稱也。須菩提者，亦自稱也。樂者好也，阿蘭那梵語，無諍之謂也。言樂阿蘭那行者，即是好無諍行之人也。夫萌之於心者曰念，見於修為者曰行，有所行則必有是行，有是行則必有所得，須菩提得無諍三昧，有是行故也。且曰無所行者，蓋以心無所得也。有是行而心無所得，宜乎世尊以樂阿蘭那行名之也。

【顏丙曰】若阿羅漢生一妄念作有所得想，即著四相。佛說我得無諍三昧，人中最為第一。無諍者佛性包含大千，無有鬥諍。三昧者唐言正見，人中第一，無鬥諍也。是第一離欲阿羅漢者，六欲頓空也。阿蘭那行者，無人我行也。是樂阿蘭那行者，窮其本性空寂，畢竟實無所行，所行謂之行。樂者，愛也。

【李文會曰】阿蘭那者，是梵語也，此名無諍。心若作是念，心有生滅，即是有諍心。須菩提實無所行，是無生滅，所以佛許須菩提是樂阿蘭那行者。

【百丈禪師云】只如今一切諸法，若於藏府中有纖毫停留，是不出網，但有所求所得。生心動念，盡是野干；若藏府中都無所求，都無所得，此人諸惡不生，人我不起，是納須彌於芥子中，不起一切貪瞋，是能吸四大海水，不受一切喜怒語言入耳中，於一切境，不惑不亂、不瞋不喜，刮削併當得淨潔，是無事人，勝一切知解精進頭陀，是名有天眼，是名有法界性，是作車載因果，是佛出世度眾生。

【傅大士頌曰】無生即無滅，無我復無人，永除煩惱障，長辭後有身（子榮曰：「出生死苦，更不受父母胞胎之身。」），境亡心亦滅，無復起貪瞋，無悲空有智，翛然獨任真（子榮曰：「無悲空有智，翛然獨任真者，為方證得果，悟人法空寂，更有餘習，一向沉空趨寂，為不敢入眾生生死海中，教化眾生，方有智慧，未全悲愍之心，故云空有智。」）。

【川禪師曰】認著依前還不是。頌曰：「蚌腹隱明珠，石中藏碧玉，有麝自然香，何用當風立，活計看來恰似無，應用頭頭皆具足。」

莊嚴淨土分第十

佛告須菩提：「於意云何？如來昔在然燈佛所，於法有所得不？」

「不也，世尊。如來在然燈佛所，於法實無所得。」

佛陀問須菩提：「你覺得，從前如來在然燈佛那邊，是不是學到了什麼成佛的妙法？」

「不，世尊。如來在然燈佛前，並沒有得到什麼妙法。」

然燈佛：又名燃燈佛、定光佛。於過去世為釋迦牟尼佛授記成佛的本師。然燈佛原本是提和衛國的太子，國王命終之前，將國家託付給太子，但太子知世之無常，又將國家轉交給弟弟，自行出家，後成佛果。傳說釋迦牟尼在修菩薩行時，正好遇見然燈佛，以花供佛，佛於是為他授來世成道之記。

集註

【劉蚪曰】言如來作菩薩時，在然燈佛所，於法畢竟無所得，離所取也。

【六祖曰】然燈是釋迦牟尼佛授記之師，故問須菩提我於師處聽法，有法可得不？須菩提知法，即因師開示而實無得，但悟自性本來清淨，本無塵勞，寂而常照，即自成佛。當知世尊在然燈佛所，於法實無所得。

【王日休曰】如來，佛自謂也。昔，舊也。然燈即定光佛，乃釋迦佛本師。

【陳雄曰】八王子皆師妙光，得成佛道，而其最後成佛者，名曰然燈。十六王子出家為沙彌，皆得如來之慧，最後者，我釋迦牟尼。然燈是釋迦授記之師，釋迦如來因師開導，得無上菩提法，為諸釋之法王，於法寧無所得耶？但不存其所得心耳，佛恐諸菩薩所得心未除，故設是問，須菩提深悟佛意，以不也答之，且言於法實無所得，則以如來實得之心傳故也。言實則將以息大眾之疑心。

【李文會曰】於法有所得不者，如來欲破二乘之人執著之心，故有此問。

【白樂天問寬禪師云】無修無證，何異凡夫？師云：「凡夫無明，二乘執著，離此二病，是名真修也。」真修者，不得勤，不得怠，勤則近執著，怠則落無明，乃為心要耳，此是初學入道之法門也。於法實無所得者，須菩提謂如來自性本來清淨，而於然燈佛所，於法實無所得。

【傅大士頌曰】昔時稱善慧，今日號能仁（善慧能仁者，皆釋迦佛號），看緣緣是妄，識體體非真，法性非因果，如理不從因（法性本乎自然，非因有果而後得，如理出於真性，不從有因而後能），謂得然燈記，寧知是舊身（然燈佛即定光佛，乃釋迦佛本師也。舊身即本來非身也。《涅槃經》曰：「唯有法身常住不滅是也。」寒山詩曰：「嘗聞釋迦佛，先受然燈記，然燈與釋迦，祇論前後智，前後體非殊，異中無一異，一佛一切佛，心是如來地。」）。

【川禪師云】古之今之。頌曰：「一手指天，一手指地，南北東西，秋毫不睹，生來心膽大如天，無限群魔倒赤幡。」

「須菩提，於意云何？菩薩莊嚴佛土不？」「不也，世尊。何以故？莊嚴佛土者，即非莊嚴，是名莊嚴。」

「須菩提啊，你說說看，菩薩的存在，有沒有使這個世界更為莊嚴？」「不，世尊。為什麼呢，因為菩薩所領會的是世間本來的樣子，所教給人領會的，也是世間本來的樣子。所謂的莊嚴佛土，不是實有形相的莊嚴，不過是莊嚴的外在名相而已。」

莊嚴：裝盛嚴飾的意思。以各種寶物、鮮花、寶蓋、幢或幡、瓔珞等物品，裝飾道場或國土，淨化濁惡的世間。

集註

【肇法師曰】是名離相莊嚴佛土。《疏鈔》云：「佛土者，佛之妙性也，眾生之真心也。如是心土，還可以相好莊嚴不？」又云不也者，即善現從理以答之。何故？自心之土，不在莊嚴。何故？為性無相，體等虛空，如何莊嚴，何名莊嚴？答：「六度萬行，布施戒定慧等一切善法，是皆莊嚴。」又曰若染斷常，即非淨土。經云：「欲淨其土，先淨其，心淨故，即淨土也。」問心云何淨？答：「外不染六塵，內無我人，不著斷滅，故名淨土。」

【王日休曰】既曰菩薩，而言莊嚴佛土，何也？蓋一大世界，必有一佛設化，如此間大世界，乃釋迦佛設化之所。東方有大世界，乃不動佛設化之所是也。唯其一大世界，有一佛設化，故凡大世界，皆謂之佛土。而菩薩莊嚴者，蓋有菩薩於其佛土之中，作種種善事以變易其世界。如阿彌陀佛為菩薩時，作無量善事，故其善緣福業，能變其世界，皆以黃金為地，七寶為樹林樓臺，是為莊嚴也。佛於此又自問何以故者，謂何故菩薩言我當莊嚴清淨佛土者，為非真實語也，乃自答云。莊嚴佛土者，即非莊嚴，是名莊嚴者。為真性中，非有此莊嚴，故此莊嚴，但為虛名而已，非是真實，唯真性為真實故也。

【陳雄曰】《維摩經》云：「隨其心淨，則佛土淨，蓋此心清淨，便是莊嚴佛土，奚以外飾為哉，七寶宮殿，五采棟宇，皆外飾也。」此凡夫之所謂莊嚴，非菩薩之所謂莊嚴。欲知菩薩莊嚴，當於非莊嚴中求之。則萬行莊嚴。是乃所以名其為莊嚴也。

【李文會曰】莊嚴佛土者，謂造寺寫經布施供養，此是著相莊嚴。若人心常清淨，不向外求，任運隨緣，一無所得，行住坐臥，與道相應，是名莊嚴佛土。龐婆看藏經，維那請回向，婆於面前取梳子就腦後插云：「回向了也。」此是無能所心。

【傅大士云】莊嚴絕能所，無我亦無人，斷除俱不染，穎脫出囂塵。

【川禪師云】娘生褲子，青州布衫。頌曰：「抖擻渾身白勝霜，蘆花雪月轉爭光，幸有九皋翹足勢，更添朱頂又何妨。」

「是故須菩提，諸菩薩摩訶薩，應如是生清淨心，不應住色生心，不應住聲、香、味、觸、法生心，應無所住而生其心。

「所以啊，須菩提，每個大菩薩都應該產生這樣的清靜之心，不對眼前所見的種種形相起執著心，也不會執著於什麼聲音、氣息、味道、觸覺或道理。他的心應該不生任何執著，無所固執。」

集註

【疏鈔云】應者當也，故云當如是生清淨心，即佛勸生真如無染之心也。問：「云何生清淨心？」答：「不應住色聲香味觸法生心。」又《楞嚴經》云：「若能轉物，即同如來。」凡夫被物轉，菩薩能轉物，如是轉者，故曰應無所住而生其心。

【王日休曰】梵語菩薩摩訶薩，此云覺眾生大眾生，其實即所謂菩薩也。如是字乃指下文，謂不當住於有形色者而生心，亦不當住於有聲音馨香滋味及所觸，及一切法者而生其心，當無所住而生其心者，謂不可生心以住著於六塵，唯可於無所住著處生心也。諸佛教化眾生，有第一義、第二義。此經說第一義，雖至高而可曉，然不易到；淨土雖為第二義，而人人可行。佛言修淨土而明第一義，讀誦大乘經典者，上品上生，則為菩薩，生死自如，然則修淨土者，豈可不曉此經之義，而受持讀誦，以期於上品上生也。

【陳雄曰】菩薩莊嚴。既不在於外飾，則當反而求之於心，心苟清淨，莊嚴莫甚焉，故云應如是生清淨心。凡住六塵而生其心者，皆非清淨心也，菩薩豈應如是，且如佛心本來清淨無相，寧有所住，菩薩受如來教，亦應如是，故云應無所住而生其心，與十四分應生無所住心同。佛言六塵之苦，每以色獨言於先，而繼之以聲香味觸法，益以見色者，人情之所易惑，在六塵中尤其最者也。

【五祖為六祖說金剛經】恰至應無所住而生其心，六祖言下大悟，乃言何期自性本自清淨，何期自性本不生滅，何期自性本自具足，何期自性本無搖動。五祖曰：「不識本心，學法無益。」若言下識自本心，見自本性，即名丈夫天人。

【李文會曰】菩薩之心，心常空寂，無諸妄念，不生不滅，不動不搖，即是清淨心也。凡夫之心，無明起滅，妄想顛倒，取捨善惡，凡聖等見，是名濁亂心也。不應住色生心者，心若清淨，即不被諸境惑亂也。

【逍遙翁云】若人心境清淨，是佛國淨土，心境濁亂，是魔國穢土也。

【傅大士頌曰】掃除心意地，名為淨土因，無論福與智，先且離貪瞋，莊嚴絕能所，無我亦無人（《圓覺經》曰：「無能無所。」清涼國師答皇太子曰：「是非兩忘，能所雙絕。」），斷常俱不染，穎脫出囂塵（或斷滅、或常久，此心俱不染著也，唯俱不染著，故能如穎之脫囊中而出乎囂塵也。《華嚴經．四十四卷．

十忍品》云：「非斷非常。」《史記》毛遂曰：「使遂早得處囊中，乃脫穎而出。」此言雖小，可以喻大也）。

【川禪師云】雖然恁麼，爭奈目前何。頌曰：「見色非干色，聞聲不是聲，色聲不礙處，親到法王城。」

【李文會曰】眾生之心，本無所住，因境來觸，遂生其心，不知觸境是空，將謂世法相實，便於境上住心，正猶猿猴捉月，病眼見花，一切萬法，皆從心生。若悟真性，即無所住，無所住心，即是智慧。無諸煩惱，譬如大空，無有罣礙，有所住心。即是妄念，六塵競起，譬如浮雲往來不定。

【維摩經云】欲得淨土，但淨其心，隨其心淨，即佛土淨。

【黃蘗禪師曰】心若清淨，何假言說，但無一切心，即名無漏智。汝每日行住坐臥，一切語言，但莫著有為法，出言瞬目，盡須無漏。如今修行學道者，皆著一切聲色，何不與我心同虛空去，如枯木石頭去，如寒灰死火去，方有少分相應。若不如是，他日盡被閻羅老子考訊你在，你但離卻有無諸法，心如日輪，常在虛空，自然不照而照，豈不是省力底事。到此之時，無棲泊處，即是行諸佛路，便是應無所住而生其心，是你清淨法身，阿耨多羅三藐三菩提也。

【川禪師曰】退後退後，看看頑石動也。頌曰：「山堂靜夜坐無言，寂寂寥寥本自然，何事西風動林野，一聲寒雁唳長天。」

須菩提，譬如有人，身如須彌山王，於意云何？是身為大不？」

須菩提言：「甚大，世尊。何以故？佛說非身，是名大身。」

須菩提啊，如果一個人的身體有須彌山那麼大，你覺得怎麼樣，他的身體是不是很高大？」

須菩提回答，「是的，世尊。我為什麼這麼說呢，是因為佛陀所說的大，不是真正實有的軀體巨大。佛所說的『非身』，是身形超越了物質大小的概念，在此不過假借一個名為『大身』而已。」

須彌山王：指須彌山。印度神話中的山名，聳立在一小世界中央的一座高山，山頂有三十三天宮，是帝釋天的居處。因為此山高出於眾山之上，所以被稱為山王。

集註

【王日休曰】須彌山王者，以此山在四天下之中，為山之極大者，故名山王，謂在眾山之中而為王者也。日月遶山而行以為晝夜，由此而分四面為四天下，其上有三十三天，可謂大至矣。人身豈有如是之大者乎，蓋譬喻耳，故云譬如有人身如須彌山王也。雖如是至大，亦非真實，是虛名大身而已，故云佛說非身，是名大身也。何則？凡有形相者，皆為虛妄，故三千大千世界亦為虛妄，況如須彌山之身者乎。唯真性為真實，此經說真性第一義，故以一切皆為虛妄也。一切所以為虛妄者，以其有形相，既有形相，則無不壞者，縱使不壞，乃業力以持之，非本不壞也，業力盡則壞矣。唯真性無形相，故無得而壞，此所以為不壞之本。自無始以來，至於今日，無有損動，故云常住真性，謂真性常住而無變壞，此所以為真實也。

【陳雄曰】須彌山高廣三百三十六萬里，為眾山之王，謂人身有如是之大，萬無是理，唯佛真性清淨無相，無住著、無罣礙、包太虛、藏沙界，雖須彌山不足以擬其大。世尊欲以真心悟人，託大身以為問，而須菩提深悟佛意，遂有甚大之對，恐大眾未曉，為之辨論曰：「佛說非身，是名大身。」非身者，法身也，真心也。文殊菩薩問世尊，何名大身？世尊曰：「非身是名大身。」具一切戒定慧，了清淨法，故名大身，蓋亦指真心言之也。如此則真心可以吞須彌山矣。

【顏丙曰】色身雖大如須彌山王，畢竟非大，為有生滅，佛說非身，非身乃為此身也。本性無此妄身，是名大身，所謂佛身充滿於法界是也。

【李文會曰】色身雖大，心量即小，縱如須彌山王形，有相有可量，不名大身。法身心量廣大，等虛空界，無形無相，無可比量，方名大身。

【圜悟禪師曰】不登泰山，不知天之高，不涉滄溟，不知海之闊，此區中之論也。若是其中人，天在一粒粟米中，海在一毫毛頭上，浮幢王華藏界，盡在毛眉眼睫間。且道此箇人什麼處安身立命，還委悉麼。無邊虛空盛不盡，直透威音更那邊。

【傅大士頌曰】須彌高且大（子榮曰：「梵語須彌山，此云妙高山，出眾山之最高大為第一，是眾山之王，更有六萬小山而為眷屬也。」），將喻法王身（子榮曰：「報身佛能現千重化，化受用身，化十地菩薩，是為說法之王，示現大身，實無最大之相現，心雖廣，亦無有廣身之心量也。」），七寶齊圍繞（子榮曰：「須彌外更有七重金山圍繞也。」），六度次相隣（子榮曰：「報身佛因中，唯修六度萬行，證得佛果，故云六度次相隣也。」），四色成山相（延光集註：須彌東方玻峰紅色，南方琉璃峰青色，西方真金峰赤色，北方白玉峰白色。榮曰：

「須彌四面各有色，喻報身佛有四相。」），慈悲作佛因（子榮曰：「菩薩人因地中，皆修四無量心，具慈悲喜捨，修諸萬行，方能成佛，故云作佛因。」），有形終不大，無相乃為真（子榮曰：「有形不名為大身，法身無相，故名為大身也。」）。

【川禪師曰】設有，向甚處著。頌曰：「擬把須彌作幻軀，饒君膽大更心粗，目前指出千般有，我道其中一也無，便從這裡入。」

無為福勝分第十一

「須菩提，如恆河中所有沙數，如是沙等恆河，於意云何？是諸恆河沙寧為多不？」

佛又問：「須菩提，恆河的沙子是不是數量很多？假使恆河中的每一粒沙子，又成為一條恆河，那又怎麼樣呢？所有的恆河塵沙加總在一起，你覺得那個數量算不算多？」

集註

【王日休曰】西土有河，名曰恆河，佛多以此河沙為言者，蓋因眾人之所見，而取以為譬喻也。然佛尚以此問須菩提寧為多不者，蓋使須菩提先省悟此沙已不勝其多矣，然後為下文之說也。寧字，儒家訓豈如此，乃譯師用字，止如助字，然不須深考也。

須菩提言：「甚多，世尊。但諸恆河尚多無數，何況其沙。」

須菩提說：「很多，世尊。像恆河沙那麼多的恆河，已經多到數不清了，更何況是這些恆河中的沙子的總量。」

集註

【李文會曰】如恆河中所有沙數者，一沙即為一河，是諸河中各有其沙，河尚無數，何況其沙也。

【川禪師云】前三三，後三三。頌曰：「一二三四數河沙，沙等恆河數更多，算盡目前無一法，方能靜處薩婆訶。」

「須菩提，我今實言告汝，若有善男子、善女人，以七寶滿爾所恆河沙數三千大千世界，以用布施，得福多不？」須菩提言：「甚多，世尊。」佛告須菩提：「若善男子、善女人，於此經中，乃至受持四句偈等，為他人說，而此福德勝前福德。」

「須菩提，我實實在在的告訴你，如果這個世間，有善良的男子或善良的女子，把可以鋪蓋滿恆河沙數量的珍寶，拿出來供養布施，他的功勞福氣，是不是很大？」

須菩提說：「非常大，世尊。」

佛告訴須菩提：「但如果有善良的男子或善良的女子，能夠信奉這部經，即使只是領會其中四句話，並向他人講解述說，他所獲得的福德，更勝於前面布施之人。」

集註

【肇法師曰】良由施福是染，沉溺三有（三有謂三界，三界不離於有，故謂之三有），持經福淨，超升彼岸，是故勝也。

【疏鈔云】佛重顯無為福，勝有為福也。《圓覺經》云：「有大陀羅尼門，名為圓覺，流一切真如涅槃。」如此之理，豈不是以經四句偈，何故？圓覺者，妙性也。因圓覺妙性，流出一切真如之法、涅槃之理，不生滅之道，從此而出，亦同第八分之妙義也。如是解者，受持無廢，自利利他，普與有情，咸達其道，而此福者，即無為福也。其福勝前恆河沙珍寶布施之福，所以題號無為福勝之分。

【王日休曰】佛再呼須菩提言，善男子善女人於此經中，受其義理而持守之，乃至以四句偈等為他人說，則已不為惡業所縛，而可以悟明真性，而人亦得聞此至理，而有悟明真性之漸，久而善根皆熟，可以脫離輪迴，永超生死，則萬劫無有盡期。故其福德勝於彼恆河沙數世界七寶布施，無量無數也。佛嘗言財施有盡，法施無窮，財施不出欲界，法施能出三界，此法施之福，勝於彼無量無數，不足怪也。

【陳雄曰】七寶雖多，不過人間有限之物布施，以此但受人間有限之福，較之經中一偈，悟之者生天，豈不相去萬里耶？《三昧經》云：「若復有人持以滿城金銀而以布施，不如是人所受持是經一四句偈。」今有善男女非特受持，即自見性，又且解說，教人見性，則彼此生天，成無上道，回視七寶之福為不足道，故有勝前云。《華嚴》云：「譬如暗中寶，無燈不可見，佛法無人說，雖慧不能了。」是則解說之功，又孰有大於此者。

【顏丙曰】將七寶滿世界布施，得福多多，屬在有漏，未免窮盡，不如於此經中受持自己四句，更能展轉教人，皆得入佛知見。此福德歷劫長存，故勝前著相福德。

【李文會曰】甚多世尊者，謂七寶滿恆河沙數，三千大千世界以用布施，福德甚多。受持四句偈者，川禪師解註甚是詳明，載在應化非真分中。為他人說，而此福德勝前福德者。若能說此大乘經義，化導眾生，了悟住無所住心，得無所得法，當知受持此經，無為功德，勝前以七寶滿恆河沙數，三千大千世界有為之福德也。

【智者禪師頌曰】恆河數甚多，沙數更難量，舉沙齊七寶，能持布施漿，有相皆為幻，徒言智慧強，若論四句偈，此福未為長。

【川禪師曰】真　不換金。頌曰：「入海算沙徒費力，區區未免走埃塵，爭如運出家中寶，枯木生花別是春。」

「復次，須菩提，隨說是經，乃至四句偈等，當知此處，一切世間天、人阿修羅，皆應供養，如佛塔廟，

「再進一步說，須菩提，凡是解說這部經的地方，即使只是解說了其中四句經文，但這處解說之地應該是一切世人、神鬼都要尊敬、供養的地方，就像是對待佛的塔廟一樣，

集註

【陳雄曰】隨順者，隨順眾生而為說也。但說是經一偈之處，則凡在天道人道阿修羅道者，舉皆以華香瓔珞幢幡繒蓋香油酥燈，恭敬供養，如佛真身舍利寶塔在此，況能持誦一經全文乎！應知盡能持誦全文者，則所成就之法，乃出世間上上法也，非尋常法也。故《壇經》有所謂摩訶般若波羅蜜法，最尊最上最第一。

【謝靈運曰】封殯法身謂之塔，樹像虛空謂之廟，聖體神儀，全在四句，獻供致敬，宜盡厥心也。

【六祖曰】所在之處，見人即說是經，常行無所得心，即此身中有如來全身舍利，故言如佛塔廟，心清淨而說是經，令諸聽者除迷妄心，悟得本來佛性，常行真實，感得天人阿修羅人非人等，皆來供養持經之人也。

【王日休曰】謂隨其所在之處，乃一切處也，有人受持讀誦演說，則其功德威力為甚大，故其處即成塔寺，而一切人及諸天與阿修羅等皆恭敬也。阿修羅有三種：一屬天趣，一屬人趣，一屬畜生趣，大概如人耳，唯瞋恨之心重，故託生於此類。其福力大者生天趣，其次者生於人趣，其下者生於畜生趣。

【僧若訥曰】塔廟者，具云塔婆。此翻方墳，亦名圓塚。廟者，梵云支提，此云靈廟，安佛形貌處也。

【李文會曰】隨說者，心無分別，理應萬差，逢凡說凡，逢聖說聖也。當知此處者，謂此心也。如佛塔廟者，若人但為名聞利養，心不清淨而說是經，轉墮輪迴。有何利益？心若清淨，即當空寂，不起妄念，以此無所得心、無能解心，而說是經，令諸聽者生清淨心，無諸妄念，是名供養。即此幻身，便是法身，中有如來全身舍利，盛得天人恭敬，何殊塔廟。

何況有人盡能受持、讀誦。須菩提，當知是人成就最上第一希有之法。若是經典所在之處，即為有佛，若尊重弟子。」

更何況有人能夠完全信奉此經、誦讀此經。須菩提，應當知道，這樣的人已經成就了世間最高的、第一稀有的事。凡這部經典的所在之處，就有佛在，應該像尊重佛或佛弟子一樣的尊重這個地方。」

集註

【六祖曰】自心誦得此經，自心解得經義，自心體得無著無相之理，所在之處，常修佛行，即自心是佛，故言所在之處，即為有佛。

【王日休曰】尊重弟子，謂弟子之可尊可重者，乃大弟子則菩薩之屬也。盡能受持讀誦，則如佛與大弟子在焉。

【僧若訥曰】經者，即法寶也。即為有佛，即佛寶也。若尊重弟子，即僧寶也。經典所在之處，即三寶共居也。弟子者，學居師後故稱弟，解從師生故稱子，又云以父兄之禮事師，故稱弟子。

【傅大士頌曰】恆沙為比量，分為六種多（以恆河之沙，而比量此經之功德，究此經之功德莫大乎六種波羅蜜也。《華嚴・合論・九十六卷》云：「六種波羅蜜海是也。」），持經取四句，七寶詎能過。法門遊歷處，供養感修羅，經中稱最勝，尊高似佛陀（佛陀即佛也，梵語佛陀此云覺）。

【李文會曰】成就者，見性無疑也。最上第一希有之法者，佛與眾生本無差別，若能心常清淨，不生不滅，無諸妄念，便可立地成佛。

【杲禪師曰】身口意清淨，是名佛出世；身口意不淨，是名佛滅度。所在之處，即為有佛。若尊重弟子者，若能行住坐臥，一切時中，心無起滅，湛然清淨，常修佛行，念念精進，無有間斷，所在之處，自心即佛，是名佛子，故可尊重矣。又曰：「即心是佛無餘法，迷者多於心外求，一念廓然歸本際，還如洗腳上船頭。」又曰：「即心是佛，更無別佛，即佛是心，更無別心，如拳作掌，似水成波，波即是水，掌即是拳也。」

【無業禪師問馬祖云】如何是即心是佛？祖云：「即你不了底心是，更別無物也。迷即眾生，悟即是佛，如拳作掌，似掌作拳。」師於言下省悟。僧問馬祖云：「如何是佛？」師云：「即心是佛。」

【百丈問長慶云】如何是佛？師云：「騎牛討牛。」僧問首山和尚云：「如何是佛？」山云：「新婦騎驢，阿家牽鼓。」山珪禪師為作頌云：「阿家新婦兩同條，咫尺家鄉路不遙，可笑騎驢覓驢者，一生錯認馬鞍橋。」又僧問慈受云：「如何是佛？」師云：「擔水河頭賣。」僧問大陽云：「如何是佛？」師云：「如何不是佛？」僧問歸宗云：「如何是佛？」師云：「我向汝道，汝還信否？」僧云：「和尚誠言，安敢不信。」師云：「只汝便是也。」

【川禪師云】合如是。頌曰：「似海之深，如山之固，左旋右轉，不去不住。出窟金毛獅子兒，全威哮吼眾狐疑，深思不動干戈處，直攝天魔外道歸。」

如法受持分第十三

爾時，須菩提白佛言：「世尊，當何名此經？我等云何奉持？」

佛告須菩提：「是經名為《金剛般若波羅蜜》，以是名

字，汝當奉持。

這時，須菩提向佛請問：「世尊，我們應該怎麼樣稱呼這部經典？我們又應該怎麼樣的態度來對待、學習這部經典呢？」

佛告訴須菩提：「這部經典的名字是《金剛般若波羅蜜》，你們應當依法奉持它。

集註

【王日休曰】梵語般若波羅蜜，此云智慧到彼岸。所云金剛智慧到彼岸者，謂明此經者，其智慧則如金之剛利，斷絕外妄，直至諸佛菩薩之彼岸也。以是名字汝當奉持者，謂奉事此義而持守之也。

【陳雄曰】唐柳宗元曰：「言之著者莫如經。」此經未標名時，須菩提請名於佛。而佛目之曰：「金剛般若波羅蜜。」俾須菩提依此名字，遵奉受持，一心流布於天下後世。

【李文會曰】言金剛者，堅利之物，故借金為喻。般若者，智慧也，為教眾生用智慧力，照破諸法無不是空，猶如金剛觸物即碎，故名般若也。波羅蜜者，到彼岸也，心若清淨，一切妄念不生，能度生死苦海。汝當奉持者，只是奉持自心行住坐臥，勿令分別人我是非也。

【圜悟禪師云】纔有是非，紛然失心，只這一句，驚動多少人做計較。若承當得、坐得斷，透出威音王那畔。若隨此語轉，特地紛然，自迴光返照始得。《天壇石鼓記》云：「絲毫失度，即招黑暗之愆，霎頃邪言。即犯禁空之醜。」天人耳目，咫尺非遙，剋告行人，自當省察。

【廬山歸宗常禪師云】有座主來參，值宗鋤草，次見一條蛇，宗遂斬之。主云：「久嚮歸宗，原來卻是一個麁行沙門。」宗云：「是爾麁，我麁？」諸人且道這僧過在什麼處？汾陽昭禪師為作頌云：「廬嶽宗師接上機，斬蛇特地施慈悲，癡迷座主生驚怕，卻道麁心惹是非。」

【死心和尚云】只者是，大似眼裡著刺；只者不是，正是開眼磕睡。諸人且道畢竟作麼生則是，還委悉麼，點鐵化成金即易，勸人除卻是非難。

【川禪師云】今日小出大遇。頌曰：「火不能燒，水不能溺，風不能飄，刀不能劈，軟似兜羅，硬似鐵壁，天上人間，古今不識，咦。」

所以者何？須菩提，佛說般若波羅蜜，即非般若波羅蜜，是名般若波羅蜜。

為什麼這樣說呢？須菩提啊，佛說使人到達彼岸的智慧，並不是真正使人到達彼岸的智慧，因此才是使人到達彼岸的智慧。

集註

【王日休曰】此智慧到彼岸之說，真性中亦豈有哉，故云即非智慧到彼岸，謂實無也。但虛名為智慧到彼岸，以此接引眾生耳。

【陳雄曰】柳宗元曰：「法之至者，莫尚於般若。」《楞伽經》曰：「智慧觀察，不墮二邊，得自覺聖趣，是般若波羅蜜。」《三昧經》曰：「心無心相，不取虛空，不依諸地，不住智慧，是般若波羅蜜。」然般若波羅蜜，至法也，始而親出佛口，故有佛說之句，終而默傳此心，則證入於般若三昧，超出於言意之末，而了無所得，此非般若波羅蜜也。又孰得而名之哉，既非如是，而且名其如是，是又得其所以名也。然則汝當奉持者，以是名字故。

【顏丙曰】此是須菩提請佛為法安名，更問如何遵奉行持。佛云：「是經名為

《金剛般若波羅蜜》。」夫妙明本性，湛若太虛，體既尚無，何名之有。如來恐人生斷滅見，不得已而強安是名。所以傅大士頌云：「恐人生斷見，權且立虛名。」

【李文會曰】佛說般若波羅蜜者，實相般若之堅，觀照般若之利截煩惱源。達涅槃岸，即非般若波羅蜜者，既知法體元空，本無妄念，若無諸罣礙，何必持戒忍辱，湛然清淨，自在逍遙，是名即非般若也。

【川禪師云】猶較些子。頌曰：「一手抬，一手搦，左邊吹，右邊拍，無弦彈出無生樂不屬宮商格調新，知音知後徒名邈。」

須菩提，於意云何？如來有所說法不？」

須菩提白佛言：「世尊，如來無所說。」

須菩提，你覺得如何呢，如來可有曾說過什麼道理嗎？」

須菩提回答道：「世尊，如來沒有講過什麼道理。」

集註

【顏丙曰】佛問有所說法不？須菩提答云如來無所說者，蓋直下無開口處，若言有說，即為謗佛。所以世尊臨入涅槃，文殊請佛再轉法輪，世尊咄云：「吾住世四十九年，未嘗說著一字，汝請再轉法輪，是吾曾轉法輪耶？」又佛偈曰：「始從成道後，終至跋提河，於是二中間，未嘗說一字。」

【李文會曰】本心元淨，諸法元空，更有何法可說。二乘之人執著人法是有，即有所說，菩薩了悟人法皆空，即無所說。是故經云：「若有人言如來有所說法，即為謗佛。」

【慈受禪師云】吾心似秋月，碧潭光皎潔，無物堪比倫，教我如何說？寒山子說不得則且止，諸人還說得麼，直須口似磉盤，方始光明透漏，若能了悟色性皆空，有無俱遣，語默雙亡，即見自性清淨，雖終日言，猶為無言，雖終日說，猶為無說。

【保寧勇禪師云】門前諸子列成行，各逞英雄越霸王，如何獨有無言者，坐斷毘盧不可當。

【傅大士曰】名中無有義，義上復無名，金剛喻真智，能破惡堅貞，若到波羅岸，入理出迷情，智人心自覺，愚者外求聲。

【川禪師云】低聲低聲。頌曰：「入草求人不奈何，利刀斵了手摩挲，雖然出入無蹤跡，文彩全彰見也麼。」

「須菩提，於意云何？三千大千世界，所有微塵，是為多不？」

須菩提言：「甚多，世尊。」

「須菩提，諸微塵，如來說非微塵，是名微塵。如來說世界，非世界，是名世界。

「須菩提，你說說看，這三千大千世界中的眾多微塵，數量是不是很多呢？」

須菩提說：「非常多，世尊。」

「須菩提，這些微塵，如來說，不是微塵，所以才叫微塵；如來說這個世界不是世界，所以才叫世界。

微塵：即肉眼所能見到最細微的事物。佛經中經常以「微塵」比喻量極小，以「微塵數」比喻數極多。

集註

【陳雄曰】《華嚴經》云，三千大千世界，以無量因緣乃成一切眾生，豈外此而別有世界耶？悟者處此，迷者亦處此。悟者之心，清淨心也，以此心處此世界，即清淨世界；迷者之心，塵垢心也，以此心處此世界，即微塵世界。然世界許多，而微塵不勝其多，宜須菩提有甚多之對。又曰：諸微塵者，一切眾生心上微塵也。佛分身於微塵世界中，示現無邊大神力，開闡清淨無垢法，使一切眾生，皆生清淨心，非微塵所可污，故云非微塵，得出世間法，非世界所能囿，故云非世界。世尊答文殊曰：「在世離世，在塵離塵，是為究竟法。」此言非微塵，非世界，即離塵離世也。

【顏丙曰】世界微塵，二者皆非真實。經云：「一切山崖，會有崩裂，一切江河，會有枯竭，唯有法身，常住不滅。」

【李文會曰】微塵者，眾生妄念煩惱客塵，遮蔽淨性，譬如微塵，如是煩惱妄想，如病眼人見空中花，如愚癡人捉水中月，求鏡中像，枉用其心。

【傅大士頌曰】積塵成世界，析界作微塵，界喻人天果，塵為有漏因，塵因因不實，界果果非真，果因知是幻，逍遙自在人。又曰：「妄計因成執，迷繩謂是蛇，心疑生暗鬼，眼病見空花，一境雖無異，三人乃見差，了茲名不實，長馭白牛車。」

【晁太傅云】念念起止，皆由自心。念起即一切煩惱起，無念即一切煩惱止。既由自心，何如無念？又古德云：「一念不生全體現，六根纔動被雲遮。」

【察禪師云】真淨界中纔一念，閻浮早已八千年。

【逍遙翁云】不怕念起，唯恐覺遲，覺速止速，一妙相宜，知非改過，蘧顏可師。

【圜悟禪師上堂云】十方同聚會，箇箇學無為，此是選佛場，心空及第歸。大丈夫具決烈志氣，慷慨英靈，踏破化城，歸家穩坐，外不見一切境界，內不見有自己，上不見有諸聖，下不見有凡愚。淨裸裸、赤洒洒，一念不生，桶底子脫豈不是心空也。到這裡還容棒喝麼？還容玄妙理性麼？還容彼我是非麼？直不如紅爐上一點雪相似，豈不是選佛場也。然雖如是，猶涉階梯在，且下涉階梯一句作麼生道，千聖會中無影跡，萬人叢裡奪高標。

【逍遙翁云】五鼓夢回，緣念未起，靈響清徹，聞和達聽，為三妙音，一曰幽泉漱玉，二曰清磬搖空，三曰秋蟬曳緒，凝聽靜專，頗資禪悅，安住妙境，何勝如之，要會麼，病覺四肢如鶴瘦，虛聞兩耳似蟬鳴，非微塵是名微塵者，一念悟來。轉為妙用。前念無諸妄想，湛然清淨，即非微塵，後念不住清淨，是名微塵，非世界是名世界者。若無妄念，即佛世界；有妄念，即眾生世界。前念清淨，即非世界，後念不住清淨，是名世界。

【謝靈運曰】散則為微塵，合則成世界，無性則非微塵世界，假名則是名微塵世界。

【川禪師云】南贍部洲，北鬱單越。頌曰：「頭指天，腳踏地，飢則餐，睏則睡，此土西天，西天此土，到處元正是大年，南北東西祇者是。」

須菩提，於意云何？可以三十二相見如來不？」「不也，世尊。不可以三十二相得見如來。何以故？如來說三十二相，即是非相，是名三十二相。」

須菩提，你說說看，我們能不能透過身體的三十二種特徵，來判斷如來是如來？」

「不能，世尊。我們不能透過色身上的三十二種特徵來斷定如來。為什麼這麼說呢，因為如來的三十二種特徵，不是如來的真實相狀，不過是暫時借名假稱而已。」

三十二相：指轉輪聖王及佛的應化身所具足的三十二種殊勝容貌與微妙形相。三十二相的名稱之順序，各經各說都不同。

集註

【王日休曰】三千大千世界微塵，可謂極多矣。然見雨則為泥，遇火則為磚瓦，是無微塵之定體，所以為虛妄也。是故說為非微塵，謂非有真實微塵也。但虛名為微塵而已，此謂極細而極多者也。若極大者則世界，世界亦無真實，蓋劫數盡時則壞，是亦虛妄，非為真實，但名為世界而已。佛雖現色身而為三十二相，至涅槃時，則皆無矣，不可以此得見真佛。故云：「不可以三十二相得見如來。」此如來謂真性佛也。下文言如來說三十二相，彼如來則謂色身佛耳，乃佛謂我說三十二相者，即是非相，謂非真實相也，但名為三十二相而已。此分大意，謂細而微塵，大而世界，妙而佛之色身，皆為虛妄，但有名而已。唯真性謂真實，是以自古及今，無變無壞，彼三者則有變壞故也。

【陳雄曰】三十二相者，勝妙殊絕，形體映徹，猶如琉璃，此相非是欲愛所生。《楞嚴經》有是言矣。謂其非是欲愛所生，則是從三十二行上得之。世人徒著三十二相，而不修三十二行，將焉自而得見法身如來。又曰：「如來有是行，必有是相法也。」說相者其意在於三十二行，即非相也。曰非相者，其法身之謂歟。《華嚴經》曰：「諸佛法身不思議，無色無形無影像。」名三十二相，亦以是耳，豈他求哉，故如來有是名之說。《般若經》云：如來足下有平滿相，是為第一；如來足下千輻輪文，無不圓滿，是為第二；如來手足，並皆柔軟，如兜羅綿，是為第三；如來兩足，一一指間，猶如鴈王，文同綺畫，是為第四；如來手足，諸指圓滿，纖長可愛，是為第五；如來足跟，廣長圓滿，與趺相稱，是為第六；如來足趺，修高光滿，與跟相稱，是為第七；如來雙腨，漸次纖圓，如鹿王腨，是為第八；如來雙臂，平立摩膝，如象王鼻，是為第九；如來陰相藏蜜，是為第十；如來毛孔，各一毛生，紺青宛轉，是為第十一；如來髮毛，右旋宛轉，是為第十二；如來身皮，細薄潤滑，垢水不住，是為第十三；如來身皮，金色晃耀，諸寶莊嚴，是為第十四；如來兩足兩掌，中頸雙肩，七處充滿，是第十五；如來肩項，圓滿殊妙，是第十六；如來膊腋，悉皆充實，是第十七；如來容儀，洪滿端直，是第十八；如來身相，修廣端嚴，是第十九；如來體相，量等圓滿，是第二十；如來額臆，并身上半，威容廣大，如師子王，是二十一；如來常光，面各一尋，是二十二；如來齒相，四十齊平，淨蜜根深，白逾珂雪，是二十三；如來四牙，鮮白鋒利，是二十四；如來常得味中上味，是二十五；如來舌相，薄淨廣長，能覆面輪，至耳髮際，是二十六；如來梵音，詞韻和雅，隨眾多少，無不等聞，是二十七；如來眼睫，猶若牛王，紺青齊整，是二十八；如來眼睛，紺青鮮白紅環，是二十九；如來面輪，其猶滿月，眉相皎潔，如天帝弓，是第三十；如來眉間，有白毫相，柔軟如綿，白逾珂雪，是三十一；如來頂上，烏瑟膩沙，高顯周圓，猶如天蓋，是三十二。

【顏丙曰】（註三十二相。與前般若經同。更不重述）以上乃三十二相也。若據如來妙相，本性湛然空寂，一相尚不可得，豈可以三十二相而求見也。佛在忉利天，目連令匠人雕佛三十二相，只雕得三十一相，唯有梵音相雕不得。院主問南泉，如何是梵音相？泉云賺殺人。

【李文會曰】三十二相者，謂眼、耳、鼻、舌、身。五根中具修六波羅蜜，謂布施、持戒、忍辱、精進、禪定、智慧是也，於意根中修無住無為，是三十二相清淨行也。如來說三十二相，即是非相，是名三十二相者，此謂法身有名無相，故云非相。既悟非相，即見如來。

【逍遙翁曰】須知諸佛法身，本性無身，而以相好莊嚴為身。故臨濟云：真佛無形，真道無體，真法無相也。

【川禪師曰】借婆衫子拜婆年。頌曰：「你有我亦有，君無我亦無，有無俱不立，相對觜盧都。」

「須菩提，若有善男子、善女人，以恆河沙等身命布施，

「須菩提，假使有善良的男子或善良的女子，用恆河沙一樣多的自身性命來做布施，

集註

【李文會曰】譬如有人捨身命布施，求無上菩提，此謂住相布施也。

【禪要經云】若於外相求之，雖經萬劫，終不能得。

【教中經云】若見有身可捨，即是不了蘊空。昔日罽賓國王，仗劍詣獅子尊者所，問曰：「師得蘊空不？」尊者曰：「已得之矣。」王曰：「可施我頭？」尊者曰：「身非我有，何況於頭。」王遂斬之，白乳高丈餘，王臂自落。是知人法

俱空，不應住色布施，所以尊者不畏於死也。

【傅大士云】法性無前後，無中非故新，蘊空非實體，憑何見有人。故捨身命布施，即與菩提轉不相應，蓋為不見佛性，縱捨身命如恆河沙數，何益於事。又曰：「施命如沙數，人天業轉深，既掩菩提相，能障涅槃心，猿猴探水月（《證道歌》云：「水中捉月爭拈得。」），藺蒻拾花針（《玉篇》，藺力盎切，蒻蔡盎切。《本草》作藺若子，亦名浪蕩，生食令人發狂，眼生花針，即以手拾之，其實無花針），愛河浮更沒，苦海出還沉。

若復有人，於此經中，乃至受持四句偈等，為他人說，其福甚多。」

又如果另外有人信奉此經，領會其內容，即使只有四句經文，並能廣為向他人宣說，他所得到的福德，甚至比前面以自身性命布施之人更多。」

集註

【顏丙曰】若人以恆河沙等身命布施。等者，比也。雖受頑福，畢竟不明本性，如生豪貴之家，驕奢縱恣，不容不作業，反受業報。爭如受持四句，為他人說，自利利他，其福甚多。

【傅大士頌曰】經中稱四句，應當不離身，愚人看似夢，智者見唯真，法性無前後（法性者，真佛性也，歷劫長存，故無前後），無中非故新（真性如虛空，本無形相，故云無中也。此性常住不滅，不以前生而故，不以今生而新，故云非故新也），蘊空無實相，憑何見有人（《心經》曰：「照見五蘊皆空。」）。

【川禪師曰】兩彩一賽。頌曰：「伏手滑槌不換劍，善使之人皆總便，不用安排本現成，箇中須是英靈漢。囉囉哩，哩囉囉，山花笑，野鳥歌，此時如得意，隨處薩婆訶。」

離相寂滅分第十四

爾時，須菩提聞說是經，深解義趣，涕淚悲泣，而白佛言：「希有，世尊。佛說如是甚深經典，我從昔來所得慧

眼，未曾得聞如是之經。

那時，須菩提聽聞了這部經典，深深能夠領會它的真諦，內心湧出歡欣的淚水，恭敬的對佛說：「這真是太奇妙了，世尊。佛陀把這麼深邃的道理，說得如此明白，這是我自從見道得慧眼以來，從沒有聽到過的殊勝經典啊。

慧眼：指智慧之眼。

集註

【陳雄曰】深解義趣者，須菩提心悟真空無相義趣也。涕淚悲泣者，傷我值遇之晚，不獲早覺悟也。

【顏丙曰】深解者，大徹大悟也。

【李文會曰】須菩提聞說是經，了悟人法二空，即得中道之理。歎其希有，感極涕零也。

【傅大士頌曰】聞經深解義，心中喜且悲，昔除煩惱障，今能離所知，遍計於先了，圓成證此時，宿乘無礙慧，方便勸人持。

【李文會曰】未嘗得聞者，昔得慧眼，於有見空，今聞是經，於空亦遣，是了中道，將欲起教以示未來也。

【川禪師云】好笑當面諱了。頌曰：「自小來來慣遠方，幾回衡嶽渡瀟湘，一朝踏著家鄉路，始覺途中日月長。」

世尊，若復有人得聞是經，信心清淨，即生實相，當知是人成就第一希有功德。

世尊，如果世上有人聽到了這部經典的經義，並能夠深深領會，生出清淨的信心，能夠看到萬事萬物的本相，這個人就成就了第一稀有的功德。

實相：指本體、實體、真相、本性等，引申指一切萬法真實不虛的體相，或真實的理法、不變之理、真如或法性，即是指佛陀覺悟的內容，意即本然的真實。

集註

【李文會曰】信心清淨者，信本來心，無法可得，不起妄念，心常空寂，湛然清淨。

【傅大士云】未有無心境，曾無無境心，境亡心自滅，心滅境無侵，經中稱實相，語妙理能深，證知唯有佛，小聖詎能任。

【陳雄曰】性中具如來法身，夫是之謂生實相。《圓覺經》曰：「一切實相，性清淨故。」悟理而至於證實相，吾如夫成就法身功德，莫能出乎其右者，謂之第一希有，信乎經以福兼德言者屢矣。而此獨言功德不及福者，是功成果滿之時，則其福為不足道。所以《壇經》有「功德在法身中，非在於福」之句。

【顏丙曰】即生實相者，即是悟自性也。

【李文會曰】即生實相者，豁然了悟萬法，由此淨心建立，是名實相。成就第一希有功德者，迷即佛是眾生，悟即眾生是佛，佛佛道齊，無法等比。

世尊，是實相者，即是非相，是故如來說名實相。

世尊，我們說本相與實相，但其實並沒有所謂的本相與實相，如來是為了引導眾生理解，才說它託名為實相。

集註

【顏丙曰】佛云實相無相，所謂是實相者，即是非相，如太虛空，無一形相，若悟實相，不可執著實相。當如大士云：「彼岸更求離。」但說假名，實相本無可得。

【李文會曰】即是非相者，實相無相，故言為非，不是無實相如龜毛兔角，只說龜無毛、兔無角，不說無龜毛兔角，只說實相無相，不說無實相也。

【達摩曰】若解實相，即見非相，若了非相，其色亦然，當於色中不生色體，於非相中不礙有也。正猶水中鹽味，色裡膠青，決定是有，不見其形，此之謂也。

【傅大士云】眾生與壽者，蘊上立虛名，如龜毛不實，似兔角無形。

【川禪師云】山河大地，甚處得來。頌曰：「遠觀山有色，近聽水無聲，春去花猶在，人來鳥不驚，頭頭皆顯露，物物體元平，如何言不會，只為太分明。」

世尊，我今得聞如是經典，信解受持不足為難，

世尊，今天我能聽到這樣的經典，深深相信，並且領會此經，並不困難。

信解：指聽佛說法，起初相信，而後能夠通解，稱為信解。

集註

【王日休曰】信解者，謂信其義而曉解也。受持者，謂能受其義而持守之也。

【陳雄曰】無狐疑心曰信，曉了意義曰解，欽承不忽曰受，佩服不厭曰持。

【李文會曰】但止了悟人法二空，心無取捨，常令空寂，是名信解受持。如來慈悲方便，化導迷人，迷即佛是眾生，悟即眾生是佛。若能了悟，萬事皆空，以藥對病，以悟對迷，以善對惡，以靜對動，以慧對愚，種種修行，只是對治，莫作諸惡，勉力為善，依此修行，縱橫自在，又且何難。

【傅大士頌曰】空生聞妙理，如蓬植在麻，凡流信此法，同火出蓮花，恐人生斷見，大聖預開遮，如能離諸相，定入法王家。

【川禪師曰】若不得後語，前話也難圓。頌曰：「難難，難如平地上青天；易易，易似和衣一覺睡。行船盡在把稍人，誰道波濤從地起。」

若當來世後五百歲，其有眾生，得聞是經，信解受持，是人即為第一希有。

然而到了後世，第五個五百年的時候，如果有人能夠聽到這部經典，還能夠深深相信領會，並將它融入思想的深處，這才是第一稀有的人了。

集註

【李文會曰】若人心常空寂，湛然清淨，不著諸相，悟住無所住心，了得無所得法，是為第一希有。

【川禪師云】行住坐臥，著衣吃飯，更有什麼事？頌曰：「冰不熱，火不寒，土不濕，水不乾，金剛腳踏地，旛竿頭指天。若人信得及，北斗面南看。」

何以故？此人無我相、無人相、無眾生相、無壽者相。所以者何？我相即是非相，人相、眾生相、壽者相即是非相。何以故？離一切諸相，即名諸佛。」

為什麼這樣說呢？因為他看得出來，自我、他人、生命與靈魂都不是真實的，只是暫時的現象或組合，因此不執著於人我的分別，不執著於有無的分別，也不執著於生命和靈魂的永恆或不滅，知道一切都不是不變的實體。能夠看出這一點，不執著於任何形相，可以稱之為佛了。」

集註

【李文會曰】即是非相者，前言無相，即是滅色以明空義；復言非相，即是了悟我、人、眾生、壽者四相，本來不生，故名實相、離一切相。即名諸佛者，此謂悟實相者，更無等比，當知是人不著二邊，不處中道，一切無住，即名為佛。又云離相清淨，解悟三空，契合實相，究竟涅槃。三空之義，初即人空，次即法空，後即空空，三世如來同證此理，故名為佛。

【傅大士云】空生聞妙理，如蓬植在麻，凡流信此法，同火出蓮花，恐人生斷見，大聖預開遮，如能離諸相，定入法王家。

【川禪師云】心不負人，面無慚色。頌曰：「舊竹新生笋，新花長舊枝，雨催行客到，風送片帆歸，竹蜜不妨流水過，山高豈礙白雲飛（善靜禪師云：竹蜜不妨流水過，山高那阻野雲飛）。」

佛告須菩提：「如是，如是。

佛對須菩提說：「確實如此，確實如此。

集註

【李文會曰】如是如是者，佛以須菩提所解空義，善契如來之法意也。

【陳雄曰】《華嚴經》云：「離諸和合相，是名無上覺。」佛以覺言，外覺離一切有相，內覺離一切空相，於相而離相，於空而離空，得夫真空無相之妙，所以名其為佛。

若復有人，得聞是經，不驚不怖不畏，當知是人甚為希有。

如果有人能有機會聽聞這部經典，既不感覺到驚奇，也不表現出驚慌、恐懼害怕，應當知道，這樣的人是極為稀有的。

集註

【肇法師曰】得大乘，聞慧解，一往聞經，身無懼相，故名不驚；得大乘，思慧解，深信不疑，故名不怖；得大乘，修慧解，順教修行，終不有謗，故名不畏。

【陳雄曰】不驚則無疑心，不怖則無懼心，不畏則無退心。

【李文會曰】不驚不怖不畏者，心若空寂，湛然清淨，等於虛空，有何驚怖。甚為希有者，諸上根器，得聞是經，諦聽受持，永不退轉，當知是人，甚為希有。

【傅大士頌曰】如能發心者，應當了二邊，涅槃無有相，菩提離所緣（子榮曰：「如修行初發心菩薩行，願求大乘正知見人。悟達上乘，先了有無二邊之執，方證涅槃無相之理，故離所緣之心境也。」），無乘及乘者，人法兩俱捐，欲達真如理，應當識本源。

【川禪師云】祇是自家底。頌曰：「毛吞巨海水，芥子納須彌，碧漢一輪滿，清光六合輝，踏得故鄉田地穩，更無南北與東西。」

何以故？須菩提，如來說第一波羅蜜，即非第一波羅蜜，是名第一波羅蜜。

為什麼這樣說呢？須菩提，因為這個人能夠了解，如來說第一等到達彼岸的智慧，並不是真正第一等到達彼岸的智慧，只是為了引導眾生修持，而給的一個假名，稱為第一等到達彼岸的智慧。

集註

【疏鈔云】何以故者，顯因中最勝？明標第一波羅蜜者有十種：一布施、二持戒、三忍辱、四精進、五禪定、六智慧、七慈、八悲、九方便、十不退。今言第一波羅蜜者，即布施波羅蜜，何故獨言布施為第一？曰：布施者，通攝萬行，直至菩提，尚行法施，因布施資生眾善，言非者，恐有能所之名，先拂去假名，行無住相施，故曰是名第一波羅蜜。

【李文會曰】如來說第一波羅蜜者，若悟非相，即達彼岸，實無二相，故名第一。非第一波羅蜜者，了悟人法俱空，即無生死可度，亦無彼岸可到，何處更有第一？故云非第一也。是名第一波羅蜜者，悟一切法，即知諸法皆是假名。

【法華經云】但以假名字引導於眾生，於斯了悟，能入見性之門，是名第一波羅蜜也。故知假名，如將黃葉作金，止小兒啼，二乘之人聞說假名，將謂是實，執著修行，欲離生死，不知即無生死可離。

【傅大士頌曰】波羅稱彼岸，於中十種名（《華嚴・六十六卷》，善財童子見寶髻長者言：「願為我說諸菩薩道。」答言：「檀波羅蜜，尸波羅蜜，忍辱波羅蜜，精進波羅蜜，禪波羅蜜，般若波羅蜜，方便波羅蜜，願波羅蜜，力波羅蜜，智波羅蜜。」又《合論・九十六卷》云：「如是一百一十八大總持門，不出十波羅蜜中行。」)，高卑緣妄識，次第為迷情，餤裡尋求水，空中覓響聲，真如何得失，今始號圓成(子榮曰：「真如之理，上至諸佛，下至含生，本自具足，流轉六道，亦未曾失，縱悟成佛，亦未曾得，今始號圓成者，言下頓覺即佛。」)。

【川禪師云】八字打開，兩手分付。頌曰：「是名第一波羅蜜，萬別千差從此出，鬼面神頭對面來，此時莫道不相識。」

須菩提，忍辱波羅蜜，如來說非忍辱波羅蜜，是名忍辱波羅蜜。

須菩提啊，所謂以忍耐的方式到達彼岸，如來說，並不是真正以忍耐的方式到達彼岸。以辱為難忍而強行忍受，是永遠不能到達彼岸解脫的。一個人不覺得世間的屈辱是屈辱，才能夠真正身在彼岸。

忍辱波羅蜜：指令心安穩，忍外在的侮辱或惱害，亦即凡加諸在身心的苦惱、苦痛，皆堪忍之，以此自生死迷界之此岸，而至涅槃解脫之彼岸。

集註

【疏鈔云】忍辱波羅蜜者，即十波羅蜜中第三是也。

【王日休曰】佛呼須菩提而謂能忍辱，方不起瞋心以昏亂真性，乃能到諸佛菩薩之彼岸，故云忍辱波羅蜜也。佛雖有時自稱如來，自稱佛，然亦有時稱我。其稱我則特謂我身爾，若稱如來與佛，則謂己與諸佛如來皆然也。盡此一經皆如是。此佛謂我與諸佛說忍辱波羅蜜，真性中亦豈有此忍辱哉，故亦非真實，但為虛名而已，故云是名忍辱波羅蜜。

【李文會曰】忍辱波羅蜜者，若有能忍之心，即是見有身相，不達我、人、眾生、壽者諸非相也。

【大易禪師舉火問僧云】會麼？僧云不會。師云：「起則遍周沙界，滅則了無所得。」

【龐居士問馬祖云】不與萬法為侶者是什麼人？祖云：「迴光自照看，待你一口吸盡西江水，然後向你道。」

【圜悟禪師曰】參得此語透者，目前萬法平沉，無始妄想蕩盡，又云大空無外，大象無形，盡世界撮來如粟米粒，總虛空似掌中珠，可以拽新羅國與波斯國鬥額，直得東勝神洲箭，射西瞿耶尼中垛，所以道髑髏當千世界，鼻孔摩出家風，若是未出陰界，尚涉見知聞，恁麼說話，一似鴨聽雷鳴，隔靴抓癢，直饒脫卻根塵，去卻機境，尚餘一線路在。且二途不涉，一句作麼生道，還委悉麼。佛殿堦前石獅子，大洋海內鐵崑崙，如來說非忍辱波羅蜜者，了悟人法二空，即無忍辱之相，是達我、人、眾生、壽者非相，故云非忍辱也。

何以故？須菩提，如我昔為歌利王割截身體，我於爾時無我相、無人相、無眾生相、無壽者相。何以故？我於往昔節節支解時，若有我相、人相、眾生相、壽者相，應生瞋恨。須菩提，又念過去於五百世作忍辱仙人，於爾所世，無我相、無人相、無眾生相、無壽者相。

為什麼這麼說呢？須菩提，過去我曾被歌利王用刀支解軀體。在當時，我沒有分什麼是我、什麼是別人、什麼是生命或什麼是靈魂，我沒有執著於這些想法。為什麼呢？因為如果我在被支解的時候，心中存有自我、別人、生命或靈魂的區別，執著於此，自然會感到憤恨。須菩提，回憶起過往五百世，當我是個忍辱仙人的時候，我就不執著於自我、旁人、生命或靈魂的想法。

歌利王：佛陀於過去世為忍辱仙人時，歌利王是烏萇國的國王，性情惡逆無道。有一日，歌利王率宮人外出遊玩，正好碰見忍辱仙人在樹下坐禪。國王隨侍的宮女們見到仙人，捨下歌利王而到仙人處去聽佛法，王見之生起惡心，遂割截仙人的肢體，當時，仙人毫無怨色，不起瞋恨之心。

集註

【肇法師曰】歌利王，即如來因緣中事也。爾時菩薩得無我解，故所以能忍也。

【六祖曰】歌利王是梵語，此言無道極惡君也。世者，生也。如來因中，五百生修行忍辱波羅蜜，以得四相不生。

【李文會曰】如我昔為歌利王截割身體者，如來設教，方便門多，若作教相言之，只是依文設教，為歌利王割截身體，節節支解，曾無一念瞋恨之心。

【肇法師曰】五蘊身非有，四大本來空，將頭臨白刃，一似斬春風。若以諸大宗師言之，即是先說有為權教，後顯無為實理。若表法言之，歌者，即是慧之別名；利者，刃也，非謂世間之刀；王者，心也，是用慧刀割截無明煩惱之身體也；應生瞋恨者，謂色身與法身即不同也。當知割截之時，即不見有身相，亦不見有我、人、眾生、壽者四相。何處更有瞋恨也。

【華嚴經云】譬如虛空，於十方中求不可得，然非無虛空。菩薩之心。亦復如是。

【川禪師云】智不責愚。頌曰：「如刀斷水，似水吹光，明來暗去，那事無妨。歌利王，歌利王，誰知遠煙浪，別有好商量。」

【李文會曰】忍辱仙人者，如來五百世中，修忍辱波羅蜜行，欲令一切眾生，成就忍辱波羅蜜法，不著諸相，見一切人迷悟賢愚貧富貴賤，平等恭敬，不生輕慢，以至惡罵捶打，皆悉能忍，反生歡喜，不生瞋恨之心。

【圜悟禪師曰】大凡為善知識，應當慈悲柔和善順接物，以平等無諍自處。彼以惡聲色來加我，非理相干，訕謗毀辱，但退步自照，於己無嫌，一切勿與較量，亦不瞋恨，只與直下坐斷，如初不聞見，久之魔孽自消耳。若與之較，即惡聲相反，豈有了期，又不表顯自己力量，與常流何以異！切在力行之，自然無思不服。且夫見性之人，聞人毀謗，如飲甘露，心自清涼，不生煩惱，則能成就定慧之力，不被六盜竊家寶，功德法財，遂從此增長也。

【傅大士頌曰】暴虐唯無道，時稱歌利王，逢君出遊獵，仙人橫被傷（子榮曰：「逢君出遊獵，仙人橫被傷者，謂如來因地修行，證初地菩薩，修忍辱仙行，在山中宴坐，遇歌利王出遊獵。王乃憩息，睡醒不見左右彩女，遂親入山，尋見眾妃宮女，圍繞禮拜仙人。王乃大怒，問曰：『云何恣情觀我女色？』仙人曰：『於諸女色，實無貪著。』王曰：『云何見色不貪？』仙人曰：『持戒。』王曰：『何名持戒？』仙人曰：『忍辱即是持戒。』王乃持刀割仙人身，問曰：『還可痛否？』仙人曰：『實不痛。』王即節節支解，問曰：『還可痛否？』仙人曰：『實不痛。』其時輔相大臣諫曰：『彼之大士，逢斯患苦，顏色忻然，無所搖動，奈何大王如斯刑害。』王乃止。爾時王者即憍陳如，是時仙人者，即釋迦如來也。」），頻經五百世，前後極時長，承仙忍辱力，今乃證真常。

【川禪師云】目前無法，從教柳綠花紅，耳畔無聞，一任鶯啼燕語。頌曰：「四大元無我，五蘊悉皆空廓落虛無理，乾坤萬古同，妙峰嶷嶷常如故，誰管顛號刮地風。」

是故，須菩提，菩薩應離一切相，發阿耨多羅三藐三菩提心。

所以啊，須菩提，菩薩應該要不執著，不執著於任何界限分別的觀念或形相，生發無上正等正覺的菩提之心。

集註

【陳雄曰】夫離一切相，即名諸佛，而菩薩受如來無相教法者也。欲成佛道，必發菩提無上道心，蓋菩提無上道心，即清淨無相心也。菩薩應當離一切相以發是心，然後可以成佛。

【李文會曰】應離一切相者，心常空寂，不生起滅，湛然清淨是離一切相也。

【川禪師云】是，即此用，離此用（百丈參馬祖，祖見師來，取禪床角頭拂子豎起。師云：「即此用？離此用？」祖掛拂子於舊處。）頌曰：「得之於心，應之於手，雪月風花，天長地久，朝朝雞向五更啼，春來處處山花秀。」

不應住色生心，不應住聲、香、味、觸、法生心，應生無所住心。若心有住，即為非住。

不執著任何有形有色的事物，也不執著於任何聲音、氣息、味道、觸覺或道理。他應該有一種不執著於萬事萬物的清淨之心。如果心中有所執著，就沒有辦法因為不執著而生出清淨心了。

無所住心：即心不執著。

集註

【晁太傅曰】自定純修之法，但於一切時中，隨其辦及，止習無住之住足矣（又下文曰，《金剛經》云，應生無所住心是也，又僧肇《五論》有云：「聖人之心，住無所住。」內解註云：「安住無為，名之為住，住無方所，故名無住。」又《六祖壇經》云：「我此法門，無住為本。」又司馬子微《坐忘論》亦云：「不依一物而心常住。」又云出世之法，以無著為本。《華嚴》云：「一切境界，不生染著淨身口意，住無礙行，滅一切障，世間受生，皆由著我，若離此著，則無生處。」《涅槃經》云，凡夫著色，乃至著識，以著識故，則生貪染心，故為色縛。乃至為識之所繫縛，以繫縛故，則不能免生老病死憂悲大苦，一切煩惱，着著同）。

【王日休曰】應，當也。不應住色生心者，謂不當住著於凡有形色而生心也。若受廣大居宇，美好器用之類是也，不應住聲香味觸法心者，謂不當住著於聲音馨香滋味，及所觸而生心也。若愛聲樂謳唱，愛龍檀腦麝，愛飲食異味，愛嬌嬈婦女，皆是住著於聲香味觸而生心也。不應住法生心者，謂佛法本為因眾生根器而設化。若住著之，則是泥於法而無由見真性，故不當住著於此而生心也。應生無所住心者，謂凡有住著處，皆不得起心念也。若心有住即為非住者，謂心若有所住著，則其住着之非也。蓋當使一念寂然，如虛空然，則可以見真性矣。此與第十分大略同，然此再言之者，乃詳言之也。亦恐弟子有聽之不審者，亦恐有續來聽者，所以再言之，凡此經中重迭言者，義皆如此。

【李文會曰】不應住色聲香味觸法生心者，心住六塵，即著諸相，取捨憎愛，無有休期。應生無所住心者，心無所住，隨處解脫，內外根塵，悉皆銷殞，若一切無心，即無所住也。

【趙州云】我見千百億箇，盡是覓作佛漢子，於中覓箇無心底，難得。

【僧若訥曰】心本無形，因塵有相，塵滅心滅，真心湛然。

【察禪師心印頌曰】問君心印作何顏，心印何人敢授傳，歷劫坦然無異色，呼為心印早虛言，須知體似虛空性，意似火爐火裡蓮，莫謂無心云是道，無心猶隔一重關。

【圜悟禪師云】在家菩薩修出家行，如火中生蓮，蓋名位權勢意氣，卒難調伏，而況火宅煩擾煎熬，百端千緒，除非自己直下明悟，本性妙圓，到大寂大定休歇之場，方能放下，廓爾平常，徹證無心，觀一切法，如夢幻泡，空豁豁地，隨時應節，消遣將去，隨自己力量，轉化未悟，同入無為無事法性海中，則出來南閻浮提打一遭，必不為折本也。

【黃蘗禪師云】供養十方諸佛，不如供養一箇無心道人。何故為無心也？無心者，如如之體，內如木石，不動不搖，外如虛空，不塞不礙，是名佛也。又云大恆沙者，佛說是沙，諸佛菩薩，釋梵諸天，步履而過，沙亦不喜；牛羊蟲蟻，踐踏而行，沙亦不怒；珍寶馨香，沙亦不貪；糞溺臭穢，沙亦不惡，此即無心之心。離一切相，眾生諸佛，更無差別，但能無心，即便是究竟也。若心有住即為非住者，真如之心，本無所住，若不住諸法相，即與道相應也。若住於法，即違正教，既違正教，即為非住也。

是故佛說菩薩心，不應住色布施。

所以佛說菩薩的心，不會執著滯留於任何事物之上，並且以活潑的、不滯留、不執著的心，行善布施。

集註

【謝靈運曰】不住色，無財物也。

【陳雄曰】菩薩心，何心也？無所住之心也。菩薩六根清淨，生無所住心，豈應布施以求其諸欲之滿意哉。然眾苦所本，眼根不淨為先，佛故斷之曰：「不應住色而為之布施也。」

【李文會曰】不應住色布施者，菩薩不見有身相可捨，於諸宅舍道路，逢見一切愚癡貧賤之人，毀罵捶打，需索財物，若能隨順其意，令生歡喜，不生阻隔瞋恨之心，即是布施之義。若只分辨是非，顧惜物寶，阻逆其意，令生瞋恨，即不名布施也。

【黃蘗禪師云】凡夫不肯空心，恐落於空，不知自心本空；愚人除事不除心，智者除心不除事，菩薩心如虛空，一切俱捨，所作福德，皆不貪著。然捨有三等，內外身心一切俱捨，猶如虛空無所貪著，然後隨力應物，能所皆忘，是為大捨；若一為行道布德，一邊旋捨，無希望心，是為中捨；若廣修眾善，有所希，聞法知空，遂乃不著，是為小捨。大捨如火燭在前，更無迷悟；中捨如火燭在傍，或明或暗；小捨如火燭在後，不見坑井也。

【傅大士頌曰】菩薩懷深智，何時不帶悲，投身憂虎餓（《金光明經》云：如來因地，為薩埵王子時，一虎生七子，經七日無食，將欲死。時王子見，遂捨身以飼此虎也），割肉恐鷹飢（《殑伽經》云：如來因地時，在山中修忍辱仙，時梵王帝釋遂化身，一化為鷹，一化為鴿，來試仙人。鷹趨其鴿，鴿投仙人，仙人遂以衣藏其鴿，鷹切就仙人覓其鴿，仙人遂將自身肉割一片以代鴿還鷹。殑，其矜切），精勤三大劫，曾無一念疲，能同此行，皆得作天師。

須菩提，菩薩為利益一切眾生故，應如是布施。

須菩提啊，為了讓一切眾生，都能得到這樣的好處，菩薩應該用上述的方式行善布施。

集註

【六祖曰】菩薩不為求望自身五欲快樂，而行布施，但為內破慳心，外利益一切眾生，而行布施。

【陳雄曰】七寶雖滿大千界等須彌山，亦有時而盡，布施以此，焉得人人而給。諸菩薩也，無諸欲之求，無能施之心，亦無所施之物，凡可以利益一切眾生者，無不為已，則含靈抱識，均被其澤，布施之心，但應如是。《華嚴經》云：「不為自身求快樂，但為救護諸眾生。」

【李文會曰】應如是布施者，儉於自己，奢於他人，是名利益一切眾生。若人心口相應，行解一般，是名利益於自己也。所學佛法，自然廣大，雖具見聞覺知，萬境不能染著，即是解脫了悟之人，豈無利益。

【傅大士云】所作依他性，修成功德林，終無趣寂意，惟有濟群心，行悲悲廣大，用智智能深，利他兼自利，小聖詎能任。

【川禪師云】有佛處不得住，無佛處急走過，三十年後，莫言不道。頌曰：「朝遊南嶽，暮往天台，追之不及，忽然自來，獨行獨坐無拘繫，得寬懷處且寬懷。」

如來說：一切諸相，即是非相。又說：一切眾生，即非眾生。

如來說，種種事物一切的形相或現象，都只是因緣聚合的假名形相，並不是真的有這樣的形相和現象。又說所有的一切眾生，也是因為因緣聚合而產生或顯現，隨時可能生滅，並不是真正的眾生。

集註

【六祖曰】如來說我人等相，畢竟可破壞，非真實體也。一切眾生盡是假名，若離妄心，即無眾生可得，故言即非眾生。

【陳雄曰】經云「凡所有相，皆是虛妄」，人皆謂如來無所說，豈說一切虛妄之相哉？殊不知如來有所謂真說，而其所說者，乃真空無相之相，繼之以即是非相者此耳。《涅槃經》云：「見佛性者，不名眾生；不見佛性者，是名眾生。」如來說一切諸相者，憫之也。苟能悟真空無相之理，則見自性佛，繼之以即非眾生者此耳。

【顏丙曰】本性虛明，實無可得，豈更有一切諸相，一切眾生之類。

【李文會曰】謂能秉持律儀，修行善法，而用布施，饒益眾生，不住諸相，諸相本空，故云即是非相。夫眾生者，五陰和合，假名眾生。

【川禪師云】別有長處，不妨拈出。頌曰：「不是眾生不是相，春暖黃鶯啼柳上，說盡山河海月情，依前不會空惆悵。休惆悵，萬里無雲天一樣。」

須菩提，如來是真語者、實語者、如語者、不誑語者、不異語者。

須菩提，如來是一個說真話的人、說實話的人，按照事物本來樣子說話的人，他不說謊，也不會講前後不符的怪異言語。

集註

【謝靈運曰】真，不偽。實，無虛。如，必當理。不誑，則非妄語。不異，則始終恆一。聖言不謬，故宜修行也。

【陳雄曰】是語真實，無妄無虛，是語如如，契真如理，非欺誑之語，非怪異之語，所以破眾生狐疑之心故也。

【顏丙曰】真而非假，謂之真語；實而不虛，謂之實語；如如不動，謂之如語；至於不誑語者，佛不誑惑於人；不異語者，佛語不為怪異。此五語者，欲人生信心，不必生疑心。

【李文會曰】迷即種種皆妄，故不真不實不如有誑有異也。悟即一切真，一切實，一切如，不誑不異也。又曰真語者，一切含生，皆有佛性也；實語者，一切法空，本無所有也；如語者，一切萬法，本來不動也；不誑語者，聞如是法，皆得解脫也；不異語者，一切萬法，本自空寂，將何為異也。

【傅大士云】眾生與蘊界，名別體非殊，了知心是幻，迷情見有餘，真言言不妄，實語語非虛，始終無變異，性相本來如。

【川禪師云】知恩者少，負恩者多。頌曰：「兩箇五百是一貫，阿爺原是丈夫漢，分明對面向渠言，爭奈好心無好報，真語者，實語者，呵呵呵，喏喏喏。」

須菩提，如來所得法，此法無實無虛。

須菩提啊，如來所領悟的道理不是真實的，但也不是虛假的。

集註

【六祖曰】無實者，以法體空寂，無相可得，然中有恆沙性德，用之不匱，故言無虛。

【王日休曰】此法但為眾生而設。非真性中所有。故非為真實也。然不可不藉此以悟明真性。又非徒然者。故非為虛妄也。

【陳雄曰】法即以心傳心，何法不因心之所立。如來以無所得心，而得夫真空無相之法，此法即此心，真體常存，一以為實耶？然實而若虛，莫知其所以為實，妙用無妨以為虛耶？然虛而若實，莫知其所以為虛，實而無實，虛而無虛，其亦真空之妙歟。

【李文會曰】此法無實者，心體空寂，無相可得也。無虛者，內有河沙功德，用而不竭也。欲言其實，無形可觀，無相可得；欲言其虛，見能作用，是故不可言有，不可言無，有而不有，無而不無，言辭不及，其惟聖人乎！若不離相修行，無由達此法也。

【傅大士云】證空便為實，執我乃成虛，非空亦非有，唯有復誰無，對病因施藥，無病藥還祛，須依二空理，穎脫入無餘。

【川禪師云】水中鹽味，色裡膠青。頌曰：「硬似鐵，軟如酥，看時有，覓還無。雖然步步常相守，要且無人識得渠，咦。」

須菩提，若菩薩心住於法而行布施，如人入暗，即無所見；若菩薩心不住法而行布施，如人有目，日光明照，見種種色。

須菩提，菩薩的心如果滯留在任何事物之上，產生執著，並且用這種執著心去行善、用這樣執著的心去教導他人，就好像他走進了黑暗之中，什麼也看不見。如果菩薩的心不滯留於任何事物之上，用這樣的心去行善、去教導旁人，那麼就像人有了眼睛，在明亮的日光下，能清清楚楚看見各種事物的各種形狀或顏色。

集註

【王日休曰】布施，謂法施，乃教化眾生也。若菩薩住於法而行布施，即是教化眾生，著於法無由而見真性，故如人入暗，則無所見。若不著於法以教化眾生，則眾生由此開悟而見真性，故如人有目，又得日光明以照之，乃見種種形色也。

【僧若訥曰】無相布施，心不住法，則見真如，如人有目，日光明照，了一切境。

【陳雄曰】菩薩云者，修行人通稱也。設若菩薩心與法俱勝，故有所住，而行其希求布施，此則無明暗障，貪愛自蔽，不悟真空無相妙理者也。如人處闇室之中昏昏冥冥，而一無所見矣。設若菩薩心與法俱泯，故無所住，而行其無希求布施，此則豁金剛眼，然般若燈，圓悟如來無上知見者也。如有目者，處於皎日之中，黑白自分，而毫髮無隱矣。一註本不顯，名曰有所著，則為無明所障，不悟真如妙理，猶昏昏而不能使人昭昭。無所著，則洞達無礙，圓悟如來無上知見，自覺已圓，又能覺他。

【李文會曰】如人入暗即無所見者，眾生之心，本自無住，無住之心，即見諸法實相，名為菩薩；二乘之人，心住於法，不見諸法實相，背菩提路，何異凡夫，如人背明而入暗室。如人有目，日光明照，見種種色者，二乘之人，不見色而住色，譬如不見坑井而墜坑井，菩薩見色而不住色，譬如見坑井不墜坑井。一切諸法但有假名，二乘之人，為無慧眼，不辨真假。菩薩即有慧眼，見種種色，悉皆無相故。

【達摩云】不見色，即是見色耳。

【逍遙翁云】所見有是，有不是，此世間妄眼；無是，無不是，此世間之真眼。所知有可有不可，此世間妄心；無可無不可。此出世之真心也。

須菩提，當來之世，若有善男子、善女人，能於此經受持讀誦，即為如來以佛智慧，悉知是人，悉見是人，皆得成就無量無邊功德。」

須菩提啊，如果將來的世界裡，有善良的男子或善良的女子，能夠信奉領會和誦讀這本經書，如來憑藉著無邊際智慧，清楚明白，這樣的人，一定能夠成就無量無邊無盡的功德。」

集註

【陳雄曰】當來世者，如來滅後，像法末法之世也。此經者，戴真空無相法之經也。此經當此世，非種善根者，難可得值，設若能受持讀誦，不獨為口耳之學，抑亦究心學之妙，茲其所以為能也。能爾，則如來豈庸釋於我，必以無上知見而昭鑒之，則無量無邊功德，舉皆成就矣，非特利於一身，且將普施於群生非特利於一時，且將遍及於千萬億劫，所謂無量無邊功德者此也。

【顏丙曰】如來所得見性之法，不屬有無二境，所以道無實無虛。若菩薩心著於法布施，是為著相，既曰著相，則無智慧，故如人入闇室中，全無所見；若心不著法布施，是人洞達明了，不受人瞞，故如人本有眼目，加以日光明照，見種種形色，曉然無隱。若當來之世，有善男善女，能於此經受持讀誦，直下頓悟謂之受，行不暫捨謂之持，即為自性如來。以者，用也。能用佛之智慧，所謂智慧者，見性通徹，又非外道聰明也。悉知是人，悉見是人，皆得成就無量無邊見性功德。

【李文會曰】當來之世者，即是如來滅後，後五百歲中濁惡之時也。即為如來以佛智慧者，若人心常精進，讀誦此經，即覺慧性漸開，應當了悟實相，人法二空，不被一切善惡凡聖諸境惑亂，即同如來智慧性也。悉知悉見是人成就功德者，三世諸佛無不知見了悟之人，故能成就無量無邊功德。

【傅大士頌曰】證空便為實，執我乃成虛（子榮曰：「修行人悟得真空之理，乃達實相，如執有我人之見，便為妄想成虛也。」），非空亦非有，誰有復誰無（子榮曰：「空有俱忘，更何可執也。」），對病應施藥，無病藥還祛，須依

（一作觀）二空理，穎脫入無餘。

【川禪師曰】因地而倒，因地而起，起向你道甚麼。頌曰：「世間萬事不如常，又不驚人又久長，如常恰似秋風至，無意涼人人自涼。」

持經功德分第十五

「須菩提，若有善男子、善女人，初日分以恆河沙等身布施，中日分復以恆河沙等身布施，後日分亦以恆河沙等身布施，如是無量百千萬億劫以身布施。若復有人聞此經典，信心不逆，其福勝彼，何況書寫、受持、讀誦，為人解說。

「須菩提，如果這世上有善良的男子或善良的女子，早晨以恆河沙數那樣多的身體性命來行善布施，中午又以恆河沙數那樣多的身體性命來行善布施，下午再以恆河沙數那樣多的性命身體來行善布施，如此這般以身布施，經歷了百千萬億劫都沒有間斷過。而另外一個人，聽聞此經典，融會貫通，生起了不退的信心，他所得到的福報，甚至超過前面所說以身布施之人，更何況是抄寫經文、接受信奉經文、閱讀講誦此經，甚至是為人解說呢！

初日分：早晨十點以前。
中日分：中午左右，約為早上十點到下午兩點之間。
後日分：下午兩點以後。
劫：為古代印度教極大時限的時間單位，後來佛教沿用，將之視為不可計算的極長時間。

集註

【王日休曰】初日分，謂早晨；中日分，謂日午；後日分，謂晚間，蓋西土之言如此。佛生其中，而從其方言也。然於此經，一起信心，得福尚多，於此一日三時，以恆河沙等身命布施，百千萬億劫無量無數者，以彼雖受無量福報，乃世間福耳。受世間福者，乃染煩惱之因，又因以作惡也。聞此經典，信心不逆，則自此種善根矣。善根既種，則日見增長，愈久而愈盛，此則為出世間福，故彼不可以比，而勝於彼無量無數也。且人一日三時，烏得有恆河沙等身命布施哉，蓋假喻耳，乃極言其不可以比也。

【陳雄曰】佛恐世人執著如來忍辱之說，徒以身布施，而於自己性，與他人性，無纖毫利益，故於十三分言之，至此復言，屢救其失。

【肇法師云】從旦至辰名初日分，從辰至未名中日分，從未至戌名後日分，於此三時，乃至無量百千萬億劫捨身布施，亦不及受持是經見自性耳。見自性者，謂深明實相，人法二空，乃是大悟人也。

【傅大士頌曰】眾生及壽者，蘊上假虛名，如龜毛不實似兔角無形（寒山詩曰：「身著空花衣，足躡龜毛履，手把兔角弓，擬射無明鬼。」龜本無毛，而謂之龜毛；兔本無角，而謂之兔角，皆假虛名耳。今眾生壽者，五蘊之上，豈有是哉，亦假虛名而謂之眾生，謂之壽者，亦猶龜毛之不實，兔角之無形也），捨身由妄識，施命為迷情，詳論福與智，不及受持經。

【李文會曰】信心不逆者，信順於理，故云不逆。

【法華經云】瞻仰尊顏，目不暫捨，心常精進，無有間斷也。受持讀誦者，行解相應謂之受，勇猛精進謂之持，心不散亂謂之讀，見性不逆謂之誦。為人解說者，謂已悟人，能見自性，方便為人解說此經，令悟實相，成無上道。此人所施，無所住相，功德無有邊際，勝前百千萬億劫以身布施功德，百千萬倍。

【川禪師云】人天福報即不無，佛法未夢見在。頌曰：「初心後發施心同，功德無邊算莫窮，爭似信心心不立，一拳打破太虛空。」

須菩提，以要言之，是經有不可思議、不可稱量無邊功德。

須菩提，簡而言之，這部經典能夠帶給人的幫助是不可估量、無邊無際的。

功德：指功能福德，或者指行善所獲得的果報。

集註

【肇法師曰】明此法門，所有功德，過心境界。故不可以心思也。過言境界，故不可以口議也。

【王日休曰】所謂不可思議者，不可以心思，不可以言議也。不可稱量者，既言不可議，則此所謂稱者，非稱說之稱，乃稱量之稱，古者稱與秤字通用，謂不可以秤秤也。不可量者，謂不可以器物量之也。

【顏丙曰】每日三次以恆河沙比身布施。沙者，言其多也。如是積至無量不可數劫布施，不如於此經典信心不逆。不逆，乃順行也。其福尚能勝彼有為之福，何況更能發心書寫受持讀誦，為他人開解講說，佛以簡要言之，是經有不可思議稱量者，蓋諸佛讚歎，不及此功德至大無有邊際也。

【李文會曰】無邊功德者，若人於此經典，了悟人法二空，深明實相，功德廣大，即同佛心無有邊際，不可稱量也。

如來為發大乘者說，為發最上乘者說。

如來的這部經典，是為了救度無邊眾生，發大慈大悲之心而說的，也是為了想追求最高智慧，具有至高慧根者而說的。

集註

【王日休曰】乘乃車乘之乘，大乘，謂菩薩乘也。阿羅漢獨了生死，不度眾生，故云小乘，蓋如車乘之小者，唯能自載而已。緣覺之人，半為人，半為己，故為中乘，蓋如車乘之適中者也。菩薩為大乘者，謂如車乘之大者，普能載度一切眾生也。此經欲普度一切眾生，故為發菩薩大乘者說也。發乃起發之發，發大乘，謂起發此以濟度眾生也。最上乘者，謂佛乘也。佛又能兼菩薩而載度之，則在大乘之上，故為最上乘，以此乘之上，不復有乘，故為最上也。此經又為起發佛乘者說，謂佛之化度菩薩，亦以此經之理也。

【李文會曰】為發大乘者說者，智慧廣大，能見自性，色空俱遣，不著二邊，二邊既無，即無中道可立，不染萬境，即是大乘菩薩所行之道也。又曰為發最上乘者說者，不見垢穢可厭，不見清淨可求，無遣可遣，亦不言無遣；無住可住，亦不言無住，心量廣大，廓若太虛，無有邊際，即是最上乘諸佛地位也。

【黃蘗禪師云】如來現世，欲說一乘真法，則眾生不信興謗，沒於苦海，若都不說，則墮慳貪，不為眾生普捨妙道，遂設方便。說有三乘，乘有大小，得有淺深，皆非定法，故云唯有一乘道，餘二則非真也。

【川禪師云】如斬一握絲，一斬一切斷。頌曰：「一拳打倒化城關。一腳趯翻玄妙寨，南北東西信步行，休覓大悲觀自在。大乘說，最上說，一棒一條痕，一掌一握血。」

若有人能受持讀誦，廣為人說，如來悉知是人，悉見是人，皆得成就不可量、不可稱、無有邊、不可思議功德。如是人等，即為荷擔如來阿耨多羅三藐三菩提。

如果有人能夠接受領會這部經典，並誦讀它，向人廣為宣揚，如來清楚知道、看見，此人所得到的功德福報，是無法衡量、沒有邊際、超乎想像的。這樣的人，擔當得起如來無上覺悟的智慧。

集註

【謝靈運曰】千載不墜，由於人弘，任持運行，荷擔義也。

【李文會曰】廣為人說，知見是人皆得成就不可思議功德者，此謂上根器人，深明此經，了悟佛意，持此大乘經典為人解說，令諸學者，各見自性無相之理，得見本源自心是佛，當知此人功德無有邊際，不可稱量也。

【馬祖曰】汝等諸人，須信自心是佛。此心即是佛心，又曰心外無別佛，佛外無別心。

【佛國白禪師云】心心即佛佛心心，佛佛心心即佛心，心佛悟來無一物，將軍止渴望梅林。

【華嚴經云】若不信自心是佛，無有是處。

【圜悟禪師云】即心即佛，已是八字打開，非佛非心，重問當陽點破，不尋其言，一直便透，方見古人亦心片片，若也躊躇，則當面蹉過了也。

【心佛頌云】佛即心兮心即佛，心佛從來皆妄物，若知無佛復無心，始是真如法身佛。佛佛佛，沒模樣，一顆圓光含萬象，無體之體即真體，無相之相即實相，非色非空非不空，不動不靜不來往，無異無同無有無，難取難捨難指望，內外圓明到處通，一佛國在一沙中，一粒沙含大千界，一箇身心萬箇同，知之須會無心法，不染不淨為淨業，善惡千端無有無，便是南無大迦葉。

【黃蘗禪師云】汝但除卻凡情聖境，心外更別無佛，祖師西來，直指一切人全體是佛，汝今不識，執凡執聖，向外馳騁，返自迷心，所以向汝道即心是佛，一念情生，即隨異趣，無始以來，不異今日，無有異法，故名成等正覺，即為荷擔如來阿耨多羅三藐三菩提者，聞經解義，如說修行，廣為人說無相之法，令諸學者，悟明心地，能行無相無著之行，開發心中智慧光明，離諸塵勞妄念，共成無上菩提，當知此人負荷自性如來，阿耨多羅三藐三菩提在於身內也。

【傅大士云】遍計於先了，圓成證此時，宿乘無礙慧，方便勸人持。

【川禪師云】擘開太華手，須是巨靈神。頌曰：「堆山積嶽來，一一盡塵埃，眼裡瞳人碧，胸中氣若雷，出邊沙塞靜，入國貫英才，一片寸心如海大，波清幾見去還來。」

何以故？須菩提，若樂小法者，著我見、人見、眾生見、壽者見，則於此經，不能聽受讀誦、為人解說。

為什麼這樣說呢？須菩提啊，因為心靈拘狹的人，會過於執著於自我和旁人的分別，執著於個人的生命和靈魂，因此無法領會這部經典的意義，更不要說向旁人宣揚解說了。

集註

【王日休曰】樂，好也。小法，謂外道法也。外道之法，正為著於有我、人、眾生、壽者，故為種種之說，如此，則於此經不相合矣。故不能聽受讀誦為人解說也。

【陳雄曰】小法者，小乘法也。《法華經》云：「鈍根樂小法。」言其志意下劣，不發大乘心者也。是人墮於邪見，不知所謂大乘最上乘法，盡在此經，且不聽誦，況能為人解說乎。著我人見，墮邪見也。《圓覺經》云「求大乘者，不墮邪見」是也。

【李文會曰】若樂小法者，凡夫愚鈍之重，不能聽信，廣學無上菩提，只修福慧，六道輪迴因果之法，縱能強學，執著多聞，為人解說，被明眼人覷著，手忙腳亂，一場敗闕。

【保寧勇禪師云】顏色規模恰似真，人前拈弄越光新，及乎人火重烹試，到了終歸是假銀。

【黃蘗禪師云】古人心利，纔聞一言，便乃絕學，所以喚作絕學無為閑道人也。今時人只欲多知多解，廣求文義，喚作修行；不知多知多解，翻成壅塞，皆為毒藥，盡向生滅中取。真如之中，都無此事，從前所有一切解處，盡須併卻令空，即是真如來藏。如來藏者，更無纖塵可有，即是破有法王出現世間，亦云我於然燈佛所，無有少法可得，此語只為空你情解知量，但消融表裡情盡都無依執，是無事人。三乘教綱，只是應機之藥，隨宜所說，臨時施教，各各不同，但能了知，即不被惑。第一不得於心境上守文作解，何以如此，實無有定法如來可說，我此宗門不論此事，但止息念忘慮即休，更不用思前慮後。又云學般若人，不見有一法可得，絕意三乘，唯一真實，不可證得，謂我能證能得者，皆增上慢人，法華會上拂衣而去者，皆斯徒也。是故佛言，我於阿耨多羅三藐三菩提實無所得，默契而已，學者思之，但止依正法修行，放下我、人、眾生、壽者四相，即不被一切諸境惑亂修行。

【正法眼藏云】若欲修行，當依正法，心體離念，相等虛空，不落聖凡，身心平等，如是修者，是為正法也。

【川禪師云】仁者見之謂之仁，智者見之謂之智。頌曰：「不學英雄不讀書，波波役役走長途，孃生寶藏無心用，甘作無知餓死夫，爭怪得別人。」

須菩提，在在處處，若有此經，一切世間天、人、阿修羅，所應供養，當知此處，即為是塔，皆應恭敬，作禮圍繞，以諸華香而散其處。」

須菩提，不管任何地方，只要存有這部經典，世間人與一切鬼神都應該虔誠供奉。要知道，此經所在之處就是佛的塔廟，大家應該恭敬圍繞著行禮，並以花朵和香散於四周，虔誠供養。」

圍繞：包圍環繞的意思。傳說須達長者不知道禮拜供養佛陀的方法，首陀會天化為人身，教導右繞三匝的禮節。右旋本來是印度表示敬意之禮法，按照這個禮節，施禮者先對佛或塔廟禮拜，然後自左向右旋繞，或繞一匝，或繞三匝不等。

集註

【陳雄曰】在在處處，言之所在之處不一也。若有此真經，譬如摩尼寶珠，瑞光輝煥，則凡在天道人道阿修羅道者，所應供養，即此處便是如來真身舍利寶塔，其誰不恭敬禮拜圍繞，以諸華香而散其處，諸華香，與《法華經》所謂須曼那華香、闍提華香、末利華香、瞻蔔華香、赤蓮華香、青蓮白蓮華香是也。

【顏丙曰】大乘者，乃大根大器之人，一撥便轉，不樂小法；最上乘者，不居佛位，不重己靈，高超十地（《大藏一覽集》云：「菩薩十地者，歡喜地證聖位故，離垢地身心清淨，發光地智已生明，焰慧地妙解廓照，現前地通達真俗，難勝地功行超越，遠行地隨方應化，不動地忍智自如，善慧地通力自在，法雲地大智圓明。」），明了大法，此謂百尺竿頭，更進一步底人。長沙云：「百尺竿頭座底人，雖然得入未為真，百尺竿頭須進步，十方世界現全身。」僧問果如百尺竿頭，如何進步？南泉云：「朗州山，澧州水。」僧云：「請師道。」答云：「四海五湖皇化裡。」此二等人，即為負荷自性如來阿耨菩提。若愛樂小法者，小法即世間有為法，則著四相，既著四相，宜其不能聽受解說。此經在在處處，若有悟此經，即如佛塔，天人阿修羅，皆恭敬作禮，常持花香而散持經之處，供養此人，是謂一人辦心，諸天辦供也。

【傅大士頌曰】所作依他性，修成功德林（子榮曰：「所作依他性者，凡日用施為，皆是真如妙用，故云依他性；修成功德林者，修習成就菩提道果也。」），終無趨寂意，唯有濟群心（子榮曰：「終無趨寂意唯有濟群心者，即不效小乘人且期自利，沉空趨寂，唯有大乘利眾生心也。」《護法論》云：「傅大士齊建武四年，丁丑五月八日生，時有天竺僧嵩頭陀來謂曰：『我昔與汝毘婆尸佛所，同發誓願，今兜率天宮衣鉢見在，何日當還？』大士曰：『度生為急，何思彼樂乎。』」蓋謂度生為急者，即唯有濟群心；何思彼樂者，即終無趨寂意也），行悲悲廣大，用智智能深，利他兼自利，小聖詎能任（小聖，乃小乘人也）。

【李文會曰】在在處處若有此經者，一切眾生六根運用，種種施為，常在法性三味之中，若悟此理，即在在處處有此經也。一切世間者，謂有為之心也。天人阿修羅者，天者逸樂心，人者善惡心，阿修羅者瞋恨心，但存此心，不得解脫。所應供養者，若無天人阿修羅心，是名供養，即為是塔者。解脫之性，巍巍高顯，故云是塔也。以諸花香而散其處者，當於解脫性中，開敷知見，薰植萬行，即法界性自然顯現。

【川禪師云】鎮州蘿蔔，雲門糊餅（僧問趙州親見南泉是否？州云：「鎮州出大蘿蔔頭。」僧問雲門如何是超佛越祖之談？門云：「糊餅。」又云作麼生，是聞聲悟道，見色明心，乃云觀音菩薩將錢來買糊餅，放下手云：「原來只是饅首。」）。頌曰：「與君同步又同鄉，起坐相從歲月長，渴飲飢餐常對面，不須回首更思量。」

能淨業障分第十六

「復次，須菩提，若善男子、善女人，受持讀誦此經，若為人輕賤，是人先世罪業，應墮惡道，以今世人輕賤故，

先世罪業即為消滅，當得阿耨多羅三藐三菩提。

「再者，須菩提，如果世間有善良的男子或善良的女子，因為接受或誦讀這部經典，而遭到他人的輕蔑或鄙視，那麼即使他以前所造的罪業應該墮入惡道，但因為此時遭人輕賤的緣故，所犯的過錯皆可消除，他將能夠得到無上的覺悟。

集註

【僧若訥曰】上明生善，今明滅惡，造作定業，不可逃避，行般若故，易重為輕。《大論》云：「先世重罪，應入地獄，以行般若故，現世輕受，譬如重囚應死，有勢力護，則受鞭杖而已。」

【陳雄曰】持此真經，有彌天功德，為天人所恭敬供養宜矣。今且為人所輕賤何也？蓋是人前生罪業深重，當墮地獄、餓鬼、畜生、阿修羅道，永無出期，以今生持經之功，止為人輕賤罵辱而已，則前生罪業為之銷除，當來世佛果菩提，可得成就矣。世人喜於為惡，嫉於為善者多矣。一見是人為人輕賤，便為讀經為無益，福報為虛語，甚者有雲門之罵、藥山之戒，使人人起退轉心，佛之言此，所以長善而救失矣。

【顏丙曰】若人前世曾作罪業，故今世被人輕賤，應墮落惡道，若能受持讀誦此經，直下見性，如太虛空，方知罪性本空，故云先世罪業即為消滅，又得無上正等正覺。昔有二比丘，一犯淫罪，一犯殺罪，中心不安，求波羅尊者懺悔。波羅即以小乘法為彼雪懺，二比丘愈生疑懼。後遇維摩大士，卻為解說云：「罪性本空，不在中間內外。」二比丘聞之頓悟，直下寂然空闊，無罪可得。所以永嘉云：「維摩大士頓除疑，猶如赫日消霜雪。」

【傅大士頌曰】先身有報障，今日受持經，暫被人輕賤，轉重復還輕，若了依他起，能除遍計情，常依般若觀，何慮不圓成。

【李文會曰】此謂若人受持讀誦此經，應合得人恭敬，今復有疾患貧窮諸衰，反為人所憎惡，世人不達先業，將謂誦經為善即無應驗，遂生疑惑，殊不知若非經力，應墮惡道，以今世人輕賤，故折三塗之報，速得無上菩提。

【張無盡云】四序炎涼去復還，聖凡只在剎那間，前人罪業今人賤，倒卻前人罪業山。

【川禪師云】不因一事，不長一智。頌曰：「讚不及，毀不及，若了一，萬事畢，無欠無餘若太虛，為君題作波羅蜜。」

須菩提，我念過去無量阿僧祇劫，於然燈佛前，得值八百四千萬億那由他諸佛，悉皆供養承事，無空過者。若復有人，於後末世，能受持讀誦此經，所得功德，於我所供養諸佛功德，百分不及一，千萬億分，乃至算數譬喻所不能及。

須菩提，我想起過去，在無以計數、無以計數的億萬劫前，在然燈佛那邊，我曾遭遇過八百四千萬億個佛，每一個佛我都一一的承奉、供養，沒有錯失過一個。然而如果有人於未來的時代裡，能夠領會接受、誦讀這本經書，那麼他所獲得的功德，比我當時供養諸佛所得到的功德和福報，還要大上一百倍、一千倍、一萬倍、一億倍，甚至到以數字或譬喻都無法計數的程度。

阿僧祇：印度數目之一，指無量數或極大數的意思。

那由他：數目名，指極大之數。

【疏鈔云】佛言我之供佛功德，千萬億倍，不及持經功德一分，故云算數譬喻所不能及。

【王日休曰】梵語阿僧祇，此云無央數；梵語那由他，此云一萬萬。於無量無央數劫，在然燈佛先，則釋迦佛說此經時，去然燈佛已無量無數矣。又於其先，遇八百四千萬億那由他諸佛出世，則其劫數固不勝其多，佛眼皆能見之，以慧性為無窮，故無始以來事皆知之，此所以為佛也。人皆有此慧性，但蔽之耳。供養如是諸佛，其功德終不可及此經功德，以彼則為財施，受財施之報者日漸少，而終至於有盡。此則為善根，善根則日滋長，而終至於成佛，故無窮也。以有盡比無窮，所以不可及也。

【陳雄曰】阿僧祇、那由他，梵語皆無數之謂。歷無數劫、供無數佛，求福而已，不若持此真經，見自本性，永離輪迴。五祖云：「終日供養，只求福田，不求出離生死苦海。」自性若迷，福何可救，是故供佛功德，雖百分百千萬億分，乃至算數之多，譬如微塵恆沙，皆不及持經功德之一分也。末世人徒知事佛，而不知佛究竟處，盡在此經，捨經何從而得，是以作如是說而第其優劣。梁武帝造寺布施，供佛設齋，問達摩祖師有何功德？答曰：「實無功德。」後人不了此意，韶州韋使君因問六祖。六祖大師開示之曰：「造寺布施，供佛設齋，名為修福，不可將福以為功德，功德在法身中，非在修福。」又曰：「功德在自性，不是布施供養之所求，此所以福不及功德，供佛不及持經也。」

【李文會曰】阿僧祇劫者，梵語也，唐言無數。時供養阿僧祇恆河沙佛，施寶滿三千大千世界，捨身數如微塵，所得功德，不如有人於此經典得悟真性，勝前所得功德百千萬億。達摩對梁武帝云：「造寺寫經供養布施功德，只獲人天小果，實非功德也。」

【川禪師云】功不浪施。頌曰：「億千供佛福無邊，爭似常將古教看，白紙上頭書黑字，請君開眼目前觀。風寂寂，水漣漣，家人祇在漁船。」

須菩提，若善男子、善女人，於後末世，有受持讀誦此經，所得功德，我若具說者，或有人聞，心即狂亂，狐疑不信。

須菩提，在未來的世代裡，如果有善良的男子或善良的女子，信奉、誦讀此經，他們所能得到的功德與福報，我如果具體的細說，恐怕有人聽聞了，反而心中狂亂、懷疑，不敢相信。

集註

【僧若訥曰】狐疑者，狐是獸，一名野干，其性多疑，每渡河冰，且聽且渡。上雖較量顯福德之多，猶是略說，若更具說，聞者狐疑，心必狂亂。

【李文會曰】所得功德我若具說者，謂說悟後淨妙境界也。前為樂小法者，為說降住小乘之法，欲令悟人，尚茲不信，若便為說見性大乘之法，解通人曠，得必無涯，狂亂不信，徒使其狐疑也。

須菩提，當知是經義不可思議，果報亦不可思議。」

須菩提啊，你要知道，這部經典所包含的經義是如此的不可思議，它所能帶給人的好處，也是超乎想像的。」

集註

【王日休曰】具，盡也。我若盡說其功德，人聞之，心則狂亂，狐疑不信，以其極大，人則驚怪，故甚者心則狂亂，其次則疑惑不信也。當知是經義不可思議，果報亦不可思議者，謂此經之義，不可以心思，亦不可以言議，若人依此修行，及得果報，亦豈可以心思言議哉，佛數數言此經功德，至此又極稱之者，豈虛言哉，以其悟明真性，脫離輪迴之本，是豈有窮盡耶？

【顏丙曰】梵語阿僧祇劫，此云不可數劫。佛於然燈佛前，得值無數諸佛，一一供養承事，未曾空過，若後世有人受持讀誦此經，所得見性功德，比我前供養功德，百分不及他一分，見性功德，有百千萬億分，算數譬喻所不能及。佛言：我若說持經功德，或人聞之，心生狂亂，疑惑不信，當知此經不可思議，果報亦不可思議。不信佛言，反生誹謗，惡果既熟，必受惡報。

【李文會曰】義者，般若之義。般若者，智慧也。果報者，所得功德也。由智慧而悟真性，三世諸佛，理應不異，不可思議。

【謝靈運曰】萬行淵深，義且難測，菩提妙果，豈有心之所議。

【川禪師云】各各眉毛眼上横。頌曰：「良藥多苦口，忠言多逆耳，冷暖自知，如魚飲水，何須他日待龍華，今朝先授菩提記。」

爾時，須菩提白佛言：「世尊，善男子、善女人，發阿耨多羅三藐三菩提心，云何應住？云何降伏其心？」佛告須菩提：「善男子、善女人，發阿耨多羅三藐三菩提心者，當生如是心：我應滅度一切眾生，滅度一切眾生已，而無有一眾生實滅度者。

那時，須菩提恭敬的向佛請問：「世尊，如果有善良的男子或善良的女子，發願取求無上的正覺，那麼他們應該要如何安放自己的心？又該要怎麼樣做，才能降服自己的迷妄之心呢？」

佛告訴須菩提，「如果有善良的男子或善良的女子，發願求取無上的正覺，那麼他們應該有這樣的心念：我應該解救一切生命，使之脫離苦海，達到解脫，如此解救了一切生命，但實際上並沒有一個生命被我解救。

集註

【疏鈔曰】言滅度一切眾生已者，時中妄想，取捨人我，貪瞋嫉妒，一切不善心，即是一切眾生，以無我心，將忍辱以降伏，令邪惡不生，即是滅度一切眾生已。已，即盡也。言而無有一眾生實滅度者，即煩惱妄想，取捨貪瞋，一切不善心，本自不有，因貪財色，恩愛情重，方有此心。今既知覺，以正智而滅之，亦不可見實有滅者，本自不生，今亦不滅，故云而無有一眾生實滅度者。

【陳雄曰】《大涅槃經》曰：「自未得度先度他。」《懺法》曰：「先度眾生，然後成佛。」故度一切眾生者，我佛之所應為也，不然，則絕物矣，又何以作佛耶？佛了真空無相，則能所俱寂，雖眾生已滅度，且不起能度之一念，亦不見所度之眾生。故曰「無一眾生實滅度者」。

【李文會曰】「云何應住，云何降伏其心」者，註見「善現起請分」中，當生如是心者，謂二乘之人執著諸相，起諸妄念，如來指示，令其心常空寂，湛然清淨。

【馬祖云】常教心如迷人，不辨方所。

【文殊師利云】心如虛空故，敬禮無所觀。

【百丈禪師云】心如虛空相似，學始有成也。

【黃蘗禪師云】心淨其心，更無別法，此即真佛，佛與眾生，一心無異，猶如虛空，無雜無染，如大日輪，照四天下。日升之時，明遍天下，虛空不曾明；日沒之時，暗遍天下，虛空不曾暗。明暗之境，自相凌奪，虛空之性，廓然不變。佛與眾生，心亦如是，我應滅度一切眾生者，佛言：「我今欲令一切眾生，除滅妄念，令見真性。」

【白樂天云】澹然無他念，虛靜是吾師。

【圭峰禪師云】覺諸相空，心自無念，念起即覺，覺之即無，修行妙門，唯在此也。

【慈受禪師云】有利根者，一撥便轉，性頑鈍者，只在夢中。山僧有箇醒磕睡底道理，不免傾心吐膽，而為諸人說破。良久云：「且勤照管鼻孔。」愚者若見此，一如路逢客，智者見點頭，恰如飢得食，滅度一切眾生已，而無有一眾生實滅度者，此謂不可見有眾生是自已度者，若有此念，即著我、人、眾生、壽者四相，即非菩薩清淨心也。

【川禪師云】有時因好月，不覺過滄洲。頌曰：「若問云何住，非中及有無，頭無纖草蓋，足不履閻浮，細似鱗虛析，輕如蝶舞初，眾生滅盡知無滅，此是隨流大丈夫。」

何以故？須菩提，若菩薩有我相、人相、眾生相、壽者相，即非菩薩。所以者何？須菩提，實無有法發阿耨多羅三藐三菩提心者。

為什麼這樣說呢？須菩提啊，因為如果菩薩心中執著於人我的分別，以為生命是不會散的，靈魂不滅，那麼這樣的人就不是菩薩了。為什麼呢？須菩提，因為發願求取無上正覺的那個心，並不是不滅不散的心。

集註

【六祖曰】須菩提問佛，如來滅後，後五百歲，若有人發阿耨多羅三藐三菩提心者，依何法而住？如何降伏其心？佛言當發度脫一切眾生心，度脫一切眾生，盡得成佛已，不得見有一眾生，是我滅度者。何以故？為除能所心也。除有眾生心也，亦除我見心也。

【王日休曰】此分大概如第三分所言，須菩提於此再問者，豈非為續來聽者問乎。佛再言之，唯增實無有法，發阿耨多羅三藐三菩提心者一句，且上既言發阿耨多羅三藐三菩提心者，當生如是心，生如是心，則是法矣。若無法，烏能得見真性而成佛乎，然此乃言實無有法，發阿耨多羅三藐三菩提心何也。蓋上言當生如是心者，是心亦非真性中所有，亦為妄爾，故此言實無有法，其意乃在於實字，謂究其實，則真性中無此也。佛恐弟子誤認，所謂當生如是心者為真實，故此又說破以為非實也。然則非徒本無一切眾生，而發此求真性之心者，亦本無法，蓋真性中本來蕩然空空，所謂一法不立、一塵不染者是也。

【顏丙曰】當生如是心者，當發這箇心，佛度眾生已盡，性本空故，無一眾生可滅度者，若生四相望報心，即非菩薩，實無有法，發阿耨多羅三藐三菩提心者，蓋實際不受一塵，何有於法。

【李文會曰】即非菩薩者，謂二乘之人，執著我、人、眾生、壽者四相，解註已見前，實無有法者，謂初悟人，尚有微細四相也。但少有悟心是我相，見有智慧能降伏煩惱是人相，見降伏煩惱意是眾生相，見清淨心可得是壽者相，不除此念，皆是有法。故云實無有法，發阿耨多羅三藐三菩提心者。

【傅大士云】空生重請問，無心為自身，欲發菩薩者，當了現前因，行悲疑是妄，用智最言真，度生權立我，證理即無人。

【川禪師云】少他一分又爭得。頌曰：「獨坐翛然一室空，更無南北與西東，雖然不借陽和力，爭奈桃花一樣紅。」

須菩提，於意云何？如來於然燈佛所，有法得阿耨多羅三藐三菩提不？」

「須菩提，你說說看，如來佛昔日在然燈佛那邊，有沒有學到一件事情，叫做『得到無上正覺』？」

集註

【王日休曰】如來，佛自謂也。然燈佛，乃釋迦牟尼佛本師也。佛呼須菩提問云，我始於本師然燈佛處有法所得，名之為無上正等正覺之真性否？

「不也，世尊。如我解佛所說義，佛於然燈佛所，無有法得阿耨多羅三藐三菩提。」

「不，世尊。以我對佛所說教義的了解，佛在向然燈佛學習時，並沒有學到什麼佛法，可以得到無上正覺。」

集註

【六祖曰】佛告須菩提：「我於師處，不除四相，得授記不？」須菩提深解無相之理，故言不也。

【李文會曰】佛言如來於然燈佛所，有法得三菩提不者，須菩提謂若有般若了悟心在，即是有法，尚有所得之心，故云無有法得三菩提也。

佛言：「如是，如是。」

佛說：「是這樣沒錯，是這樣沒錯。」

集註

【李文會曰】佛言如是如是者，善契如來之法意也。

【川禪師云】若不同床臥，爭知紙被穿。頌曰：「打鼓弄琵琶，相逢兩會家，君行楊柳岸，我宿渡頭沙，江上晚來初雨過，數峰蒼翠接天霞。」

須菩提，實無有法如來得阿耨多羅三藐三菩提。

須菩提，確實沒有『如來得到無上正覺』這件事。

集註

【王日休曰】佛深以須菩提之言為當，故再稱如是，復呼須菩提而隨其言，以為實無有法，如來所得，名為無上正等正覺之真性者，深然之之意也。

須菩提，若有法如來得阿耨多羅三藐三菩提者，然燈佛即不與我授記：『汝於來世，當得作佛，號釋迦牟尼。』

須菩提，如果當時如來得到無上正覺，那麼然燈佛當年就不會為我授記說：『你將來一定可以成佛，佛號名叫釋迦牟尼。』

授記：分析教說，或以問答的方式向人解說教理。

【王日休曰】若有法可得，則然燈佛即傳之矣，何待授記當來世，方得作佛耶？釋迦之義，此云能仁；牟尼之義，此云寂默。能仁者，即心性無邊，含容一切。寂默者，即心體本寂，動靜不遷也。釋迦於周昭王二十四年，歲在甲寅，四月八日，化從母右脇而生，自行七步，舉其右手，作師子吼：「天上天下，唯我獨尊。」九龍空中，吐清淨水，濯太子身，名悉達多，此言頓吉。至穆王五十三年，歲次壬申，二月十五日，於俱尸羅國大城，娑羅樹間，示般涅槃，世尊住世七十九年也。

【一註本不顯名曰】萬法本空，若於法有得，是為執相，心即有礙；若於覺有證，是於有我，能所未除，佛豈即證哉。授記者，謂能了悟真性，必得成佛也。

【李文會曰】若有一切法，是有一切心，故云即非佛性；若無一切法，是無一切心，云何不是佛。

【龍牙和尚云】深念門前樹，能令鳥泊棲，來者無心喚，去者不慕歸，若人心似樹，與道不相違。與我授記當得作佛，號釋迦牟尼者，始因智慧而得見性，若有能所之心，即是有法可得，性同凡夫，如何得授記耶？然無記可記，是名授記，若於心上無纖粟停留，即是無法可得，自性清淨，故云來世當得作佛。

【慈受禪師云】一顆靈丹大似拳，服來平地便升仙，塵緣若有絲毫在，蹉過蓬萊路八千。

【傅大士云】人與法相待，二相本來如。法空人是妄，人空法亦祛，人法兩俱實，授記可非虛。一切皆如幻，誰言得有無。

【川禪師云】貧似范丹，氣如項羽。頌曰：「上無片瓦，下無卓錐，日往月來，不知是誰，噫。」

以實無有法得阿耨多羅三藐三菩提，是故然燈佛與我授記，作是言：『汝於來世，當得作佛，號釋迦牟尼。』何以故？如來者，即諸法如義。

就因為實際上沒有得到無上正覺這回事，所以然燈佛才會為我授記說：『你在來世，將可以成佛，佛號名叫釋迦牟尼。』為什麼這麼說呢？因為『如來』這個詞最根本的意思，就是『一切都是本來的樣子』。

集註

【王日休曰】且此所謂如來者本謂真性佛，蓋如者，謂真性遍虛空世界，而常自如，若欲現而為一切，無不可者，故謂之如。又隨所感而來現，故名如來。是如來者，真性之名也。故詳言之，則為阿耨多羅三藐三菩提；略言之，則為如來，又略言之，則為佛。然則佛與如來者，有時指色身而言，若如來有肉眼不？如來以其佛智，悉知是人是也。此則謂真性耳，真性又名真如者，謂外物皆妄，唯性為真，其言如者，乃上文所謂真性自如，而無所不可現之意也。故以真實之性為真如，而又謂之如來也。

【僧若訥曰】如來者，即真如也。真如不離諸法，故云即諸法如義。

【陳雄曰】佛辨論如來膺釋迦尊號者何故，蓋以了諸法空，得如如之義也。如者，真如也。《楞伽經》云：「離不實妄想，是名如如住。」如如者，得無所有境界。故《維摩經》云：「如者不二不異。」一切法亦如也，眾聖賢亦如也，至於彌勒亦如也。

【李文會曰】一切諸法，本來清淨，蓋由取捨分別諸法，所以濁亂，不得自如。心若清淨，即自然如中天杲日，歷歷分明，於諸法上都無取捨分別，即是諸法如義。又云：「若不修因，即無證果。」須無因果法之可得，諸法皆如，如理即佛。

【傅大士云】法性非因果，如理不從因，謂得然燈記，寧知是舊身。

【川禪師云】且住且住，文殊與淨名對談不二，如何是不二，不得動著動著則三十棒。頌曰：「上是天兮下是地，男是男兮女是女，牧童撞著看牛兒，大家齊唱囉囉哩，是何曲調，萬年歡。」

若有人言，如來得阿耨多羅三藐三菩提。須菩提，實無有法佛得阿耨多羅三藐三菩提。

如果有人說，如來得到了至高無上的覺悟。須菩提，你不要把這句話當作真實來看，因為實際上並沒有如來得到無上覺悟這件事。

集註

【王日休曰】佛謂若有人言，佛得無上正等正覺之真性，是人則為妄語。何則？真性者，佛本來自有之，止為除盡外妄，乃見真性耳。凡言得者，皆自外而得，此真性豈有自外而得哉。故言得者，則為不實語也。佛乃呼須菩提而自答云，非有法如來得之，名其法為無上正等正覺之真性也。蓋性則吾之本有，法則自外而來，惟假法以去除外妄而明真性，豈謂於法有所得而名為真性哉。

【陳雄曰】如來於菩提無上道，得之心傳，於法實無所得。不善言如來者，言如來有所得，是不明如來心傳之語。佛故呼須菩提而告之曰：實無有法可得。蓋沮人言之謬妄也。

須菩提，如來所得阿耨多羅三藐三菩提，於是中無實無虛。

須菩提，如來所得到至高無上的覺悟，不能說是得到，也不能說沒有得到，它不是真實的，但也不是假的，是無實無虛的。

集註

【王日休曰】如來所得正覺之法者，謂佛所得以明真性之法也。此非真性中所有，故曰非實，謂亦為妄也。然必賴於此以明真性，故云非虛。

【陳雄曰】如來了無所得，而其所得者，菩提無上道耳。蓋菩提無上道，有真空妙理存乎其間，實而無實，虛而無虛，與十四分如來所得法同。

【僧微師曰】無實者，以菩提無色相故。無虛者，色相空處即是菩提。故知如來所證菩提之法，不空不有，故曰無實無虛。

【李文會曰】於是中者，清淨心也。無實者，真空無分別。故《境界經》云：「諸欲不染故，敬禮無所觀。」無虛者，妙用也，具河沙德用也。

【川禪師云】富嫌千口少，貧恨一身多。頌曰：「生涯如夢若浮雲，活計都無絕六親，留得一雙青白眼，笑看無限往來人。」

是故如來說：一切法皆是佛法。

所以如來所說的一切事物，都是體性空寂，所以一切法都是佛法。

集註

【王日休曰】因是之故，佛說諸法，皆是用之以修行，而成佛之法也。然則法又豈可以無哉。今禪家絕不用法，大背經義矣。佛所以隨說而又掃去者，蓋謂不可泥於法耳，豈可絕無法哉。傅大士之頌曰：「渡河不用筏，到岸不須船。」今禪家不用法，乃未到岸而不須船者，豈不自溺於苦海，且誤人於苦海哉。

【陳雄曰】佛即心也，心即法也，有是佛心，則必有佛法。如來說一切法，無一切外道邪說廁於其間，故斷之曰「皆是佛法」。

【李文會曰】一切世法，皆是佛法。《涅槃經》云：「佛即是法，法即是佛。」

【馬祖云】一切眾生從無量劫來，不出法性三昧，長在法性中著衣吃飯，言譚祇對，六根運用，一切施為盡是法性，不解返源，所以隨名逐相，迷情妄起，造種種業。若能一念返光返照，全體聖心，何處不是佛法。

【川禪師云】明明百草頭，明明祖師意。頌曰：「會造逡巡酒，能開頃刻花，琴彈碧玉調，爐煉白硃砂，幾般伎倆從何得，須信風流出當家。」

須菩提，所言一切法者，即非一切法，是故名一切法。」

須菩提啊，我們所說的一切事物，都不是指一切事物，它只是由我們的認識力，去圈定出的不同樣式而已，但如果我們都明瞭這一點，也可以說它們是指一切事物。」

集註

【王日休曰】佛又恐人泥於法，故又呼須菩提而言，所言一切法者，即非真實一切法，但假此以修行耳，非真性中所有，故虛名為一切法而已。

【顏丙曰】如來者，即諸法佛義，乃如如不動之意。於是中，無實無虛。無實者，向甚處摸索；無虛者，何處不分明。虛實乃斷見常見，大士云：「斷常俱不染。」所以道，即非一切法。

【李文會曰】謂於諸法心無所得，了諸法空，本無一切法也。

【法華經云】諸法從本來，常自寂滅相。故古德云：「用即知而常寂，不用即寂而常知。」一方契妙覺，是故名一切法也。

【川禪師云】上大人，邱乙已。頌曰：「是法非法不是法，死水藏龍活潑潑；是心非心不是心，逼塞虛空古到今。秖者是，絕追尋，無限野雲風捲盡，一輪孤月照天心。」

「須菩提，譬如人身長大。」

須菩提言：「世尊，如來說人身長大，即為非大身，是名大身。」

「須菩提啊，舉例來說，如果我們說有個人個子高大，你覺得這是什麼意思？」須菩提回答說：「世尊，如來說某個子高大，實際上不是他真的個子高大，而是以我們日常衡量的標準來衡量，才比較出他個子高大。事實上，並沒有什麼高大不高大的分別。但明瞭這一點之後，我們還是可以說某人的個子高大。」

集註

【王日休曰】須菩提以嘗聞佛說此語，故曉此理，乃呼世尊而答云，如來說人身長大，則非真實大身，是虛名為大身而已。第十分所言是也（傅本第十分，王本十二分）。

【李文會曰】色身有相，為非大身。法身無相，廣大無邊，是名大身。

【黃蘗禪師云】虛空即法身，法身即虛空，是名大身也。

【川禪師云】喚作一物即不中（南嶽懷讓禪師見六祖。祖問什麼處來？曰嵩山來。祖曰：「是什麼處恁麼來？」曰說似一物即不中）。頌曰：「天產英靈六尺軀，能文能武善經書，一朝識破娘生面，方信閑名滿五湖。」

「須菩提，菩薩亦如是。若作是言：『我當滅度無量眾生。』即不名菩薩。

「須菩提啊，菩薩也是這樣的啊。如果菩薩說：『我要救度無量的眾生。』那麼他就不能稱為是菩薩了。

集註

【王日休曰】梵語菩薩，此云覺眾生。佛又呼須菩提而言，菩薩亦如是者，此如是乃指上文，蓋謂覺眾生者，亦非為真實，亦如大身之不為真實，徒虛名而已。何則？真性中豈有覺眾生哉。惟有佛謂之覺，覺即真性也。若作是言者，此是言乃指下文，謂我當滅度無量眾生，即不名菩薩者，謂以眾生為有，而我乃化之成佛，而得滅度，如此見識，則不可名之為覺眾生，以一切眾生於真性中本無，惟從業緣中現，故不可以有為也。

【李文會曰】即不名菩薩者，二乘之人若有煩惱妄想，不能除滅，即同凡夫，滅色取空，不了色性，即非菩薩。

【淨名經云】色性自空，非色滅空，如病眼人，見空中花，無有是處。

【傅大士云】名因共業變，萬象即微生，若悟真空色，翛然獨有名。

何以故？須菩提，實無有法名為菩薩。

為什麼這樣說呢？因為，須菩提，這個世界上並沒有一個明顯的區分，說明到達什麼境地才能稱為菩薩，什麼境地不能稱為菩薩。

集註

【王日休曰】佛又自問，何故上文之意，謂一切眾生為有者，不名為覺眾生乎。乃呼須菩提而自答云：「實無有法。」名為覺眾生者，謂真性中實無法以名為覺眾生也。且修行而至於菩薩者，誠賴佛所說之法，故知修行之理，而此言實無有法者，特謂真性中無此法耳。

【李文會曰】實無有法名為菩薩者，一切空寂，本來不生，不見有生死，不見有涅槃，不見有善惡，不見有凡聖，不見一切法，是名見法。正見之時，了無可見，即是菩薩。故云實無有法，名為菩薩。

是故佛說一切法無我、無人、無眾生、無壽者。

所以佛說的一切事物，都沒有執著於自我或他人的分別，也不執著生命不變或靈魂不滅。

集註

【王日休曰】是故者，謂上文所言之故也。乃謂實無有法名為覺眾生之說也。佛說一切法無我、無人、無眾生、無壽者，謂佛說諸法，皆謂我、人、眾生、壽者本無有也。此四者統而言之，皆謂之眾生，此眾生既本無有，烏得有覺眾生乎？

【陳雄曰】上文言實無有法，尚何有法可說耶？然佛本無言說，其所說者，不過真空無相。《維摩經》云：「法無眾生，離眾生垢故；法無有我，離我垢故；法無壽命，離生死故；法無有人，前後際斷故。」此真空無相法也。佛說一切法者此耳，外此則我佛無所說。

【顏丙曰】色身長大，爭奈有生滅，有限量，即非大身。若造作此言，我當滅度無量眾生，即不名菩薩。迷則佛眾生，悟則眾生佛，實無有法名為菩薩，是故佛說一切法，無四相可得。

【川禪師曰】喚牛即牛，喚馬即馬。頌曰：「借婆衫子拜婆門，禮數周旋已十分，竹影掃堦塵不動，月輪穿海水無痕。」

須菩提，若菩薩作是言：『我當莊嚴佛土。』是不名菩薩。

須菩提，如果菩薩開口這麼說：『我一定要使佛的世界清淨莊嚴。』那麼他就不能被稱為是菩薩了。

集註

【疏鈔云】言佛土者，心土也。佛土無相，云何莊嚴，若有莊嚴，法即是增。

【陳雄曰】以定慧之寶，莊嚴心佛土者，菩薩也。不言其功，而人莫見其跡，以金珠之寶，莊嚴世間佛土者，凡夫也。自言其功，而常急於人知。《文殊般若經》云：「為一切眾生，發大莊嚴。」而心不見莊嚴之相，菩薩如是，豈肯自言其功哉？若作是言，是四種相未除，即凡夫之見，其誰名為菩薩耶？

【李文會曰】我當莊嚴佛土，是不名菩薩者。《妙定經》云：「若人造作白銀精舍滿三千大千世界，雖有無量布施福德，謂心有能所，即非菩薩，不如一念無能所心，所得功德，勝前功德百千萬倍。」

何以故？如來說莊嚴佛土者，即非莊嚴，是名莊嚴。

為什麼這樣說呢？因為如來如果說他要使佛土清淨莊嚴，那麼就不是真正的清淨莊嚴，而是假的清淨莊嚴。使佛的世界更尊貴，應該是無心而自然的，而不是有心的作為。

集註

【肇法師曰】此明不達法空，取莊嚴淨土，故非菩薩，復明離相無為莊嚴佛土也。

【王日休曰】此取第十分之意同（傅本第十分，王本十一分），於此再言者，為續來聽者說，故兼說下文也。

【陳雄曰】如來所說者，莊嚴心佛土也。心佛土本來清淨無相，何假莊飾，故云即非莊嚴。常人以莊嚴為莊嚴，而如來則以非莊嚴為莊嚴，有妙莊嚴存焉，是則所以名其為莊嚴也。故《淨土論》云：「備諸珍寶性，具足妙莊嚴。」世人著世間佛土而不知反。佛前言而此復言，救弊云爾。

【顏丙曰】心常清淨，不染世緣，是為莊嚴佛土也。雖曰莊嚴，不可作莊嚴相，故曰即非莊嚴，但強名而已。

【李文會曰】即非莊嚴是名莊嚴者，實無有法可得阿耨多羅三藐三菩提，實無有法名為菩薩，豈復取莊嚴相如是，即逍遙自在，無纖毫罣礙，云何是莊嚴，云何不是莊嚴，故云即非莊嚴，是名莊嚴也。

須菩提，若菩薩通達無我法者，如來說名真是菩薩。」

須菩提，菩薩如果能夠徹底領悟無我的道理，如來就會說，他是真正的菩薩。」

集註

【王日休曰】據《楞伽經》說二無我，謂人無我與法無我也。人無我者，謂人無本體，因業而生；法無我者，謂法無本體，因事而立。若作富貴之業，則生於富貴中；作貧賤之業，則生於貧賤中，是人無本體也。若因欲渡水，則為舟楫之法，因欲行陸，則為車輿之法，是法本無體也。一切法皆因事而立，即是假合，假合即為虛妄，若信此理而悟解之，是真菩薩之見識，故云如來說名真是菩薩。

【顏丙曰】通達無我法者，直下大悟，如漆桶底脫，四通八達，廓然無我，我身既無，何更有法，人法雙忘，只這真是菩薩，更莫別求。

【李文會曰】通達無我法者，於諸法相無所滯礙，是名通達，若作有所能解，是名我相，若作無所能解，湛然清淨，是名無我，故云真是菩薩。僧問馬祖作何見解，即得達道？答云：「自性本來具足，但於善惡事上不滯，方喚作道。」一人的取善捨惡，觀空入定，皆屬造作，更若向外馳求，轉疏轉遠，一念妄想，便是三界生死根本。但無一念，是除生死根本，即得法王無上珍寶。

【傅大士頌曰】人與法相待，二相本來如，法空人是妄，人空法亦祛，人法兩俱實，授記可非虛，一切皆如幻，誰言得有無。

【川禪師曰】寒即普天寒，熱即普天熱。頌曰：「有我原無我，寒時燒軟火，無心似有心，半夜拾金針，無心無我分別道，不知道者是何人，呵呵。」

一體同觀分第十八

「須菩提，於意云何？如來有肉眼不？」

「如是，世尊。如來有肉眼。」

「須菩提，於意云何？如來有天眼不？」

「如是，世尊。如來有天眼。」

「須菩提，於意云何？如來有慧眼不？」

「如是，世尊。如來有慧眼。」

「須菩提，於意云何？如來有法眼不？」

「如是，世尊。如來有法眼。」

「須菩提，於意云何？如來有佛眼不？」

「如是，世尊。如來有佛眼。」

「須菩提，你說說看，如來是不是有肉身的眼睛？」

「是的，世尊。如來有肉身的眼睛。」

「須菩提，你說說看，如來是不是有天眼？」

「是的，世尊。如來有天眼。」

「須菩提，你說說看，如來是不是有智慧之眼？」

「是的，世尊。如來有智慧之眼。」

「須菩提，你說說看，如來是不是有看透一切事物的眼睛？」

「是的，世尊。如來有看透一切事物的眼睛。」

「須菩提，你說說看，如來是不是有悟者的眼睛？」

「是的，世尊。如來有悟者的眼睛。」

肉眼：人的肉眼，凡夫以肉眼可見外在事物的樣貌。

天眼：一般人藉由修行可以得到的天趣之眼，可以看見內外、粗細、前後、遠近、明暗和上下，但仍然有理障。

慧眼：智慧之眼。了知諸法平等、性空之智慧，因能照見諸法真相，所以可度眾生至彼岸，但慧眼因為所知障故，有智慧卻沒有悲憫之情。
法眼：徹見佛法正理的智慧之眼。能見一切法之實相，故能分明觀達緣生等差別法。
佛眼：諸佛照破諸法實相，而慈心觀眾生之眼，具有肉眼、天眼、慧眼和法眼四眼之用，無事不見、無事不知、無事不聞，聞見互用，無所思惟，一切皆見。

集註

【日月殊光如來解曰】言肉眼者，照見胎卵濕化，色身起滅因緣也；言天眼者，照見諸天宮殿，雲雨明暗，五星二曜，旋伏因緣也；言慧眼者，照見眾生慧性深淺，上品下生，輪迴託陰因緣也；言法眼者，照見法身遍充三界，無形無相，盡虛空，遍法界因緣也；言佛眼者，照見佛身世界無比，放光普照，破諸黑暗，無障無礙，圓滿十方，尋光見體，如有涅槃國土也。此五眼如來其中，若有上根上智之人，能識此五種因緣，即名為大乘菩薩也。

【陳雄曰】《華嚴經》云：「肉眼，見一切色故；天眼，見一切眾生心故；慧眼，見一切眾生諸根境界故；法眼，見一切法如實相故；佛眼，見如來十力故（一是處非處如實力，二知三世報業力，三知諸禪解脫三昧力，四知眾生諸根上下力，五知眾生種種欲力，六知世間種種性力，七知一切道至力，八得夙命智力，九得天眼能觀一切力，十得漏盡智力）。」《大般若經》，所謂清淨五眼是也。世尊設五眼之問，須菩提皆答以有如是之理，可謂善問答矣。

【顏丙曰】化身觀身為肉眼，普照大千為天眼，智燭常明為慧眼，了諸法空為法眼，自性常覺為佛眼。有僧問尊宿云：「觀音菩薩用許多手眼作麼？」尊宿云：「通身是手眼。」若人於這裡薦得，一眼也無，豈更落三落四，然雖如是，須是箇漢始得，能具足此五眼者，唯自性如來也。《五眼度世品經》云：佛言隨世開化，入於五道而淨五眼。一肉眼，處於世間，現四大身，因此開化，度脫眾生；二天眼，諸天在上，及在世間，未識至道，示以三乘；三慧眼，其不能解智度無極，皆開化之，使入大慧；四法眼，其在徧局，不能恢泰，悉開化之，解法身一無去來，令平等三世；五佛眼，其迷惑者，不識正真，陰蓋（蓋者，遮也）所覆，譬如睡眠，示以四等四恩之行，布施持戒忍辱精進，一心智慧，善權方便，進退隨宜，不失一切，令發正真道意。

【李文會曰】一切凡夫皆具五眼，而被迷心蓋覆，不能自見，若無迷心妄念，如得翳障退滅，五眼開明，見一切色也。內外空寂，名為肉眼；見自真性，是法平等，名為天眼；見自性中，般若之智，名為慧眼；見諸色相，心不動搖，見一切法，無一切法，見一切相，無一切相，是名法眼；見前際無煩惱可斷，中際無自性可守，後際無佛可求，三際清淨，是名佛眼；又云若以無相為法身者，名為慧眼；而見如來指空論有，假立名相，名為法眼；而見如來若了有無，即非有無，二邊寂滅，全體法身周遍法界者，具足佛眼，而見如來。

【傅大士頌曰】天眼通非閡，肉眼閡非通，法眼唯觀俗，慧眼直緣空，佛眼如千日，照異體還同，圓明法界內，無處不含容。

【川禪師云】盡在眉毛下。頌曰：「如來有五眼，張三祇一雙，一般分皂白，的的別青黃，其間些子爻訛處，六月炎天下雪霜。」

「須菩提，於意云何？如恆河中所有沙，佛說是沙不？」

「如是，世尊。如來說是沙。」

「須菩提，於意云何？如一恆河中所有沙，有如是沙等恆河，是諸恆河所有沙數佛世界，如是寧為多不？」

「甚多，世尊。」

「須菩提，你說，恆河中的那些沙子，佛說它們是沙子嗎？」
「是的，世尊，如來說那些都是沙子。」
「須菩提，你說，如果有恆河沙那麼多的恆河，而這些恆河中所有的沙子，每一粒沙都是一個世界，那麼，世界的數目是不是很多呢？」
「很多，世尊。」

集註

【六祖曰】恆河者，西國祇恆精舍側近之河，如來說法，常指此河為喻。佛說此河中沙，一沙況一佛世界以為多不？須菩提言：「甚多，世尊。」

【王日休曰】恆河中所有沙，有如是沙等恆河者，謂一粒沙為一恆河也。是諸恆河所有沙數佛世界如是者，是諸恆河，為一粒沙，為一恆河，如此恆河中所有之沙，則不勝其多矣。佛世界如是者，謂世界如是之多也。此其為多，不在所言矣。然而佛又以問須菩提者何也。亦以廣坐說法，欲人先明了於心，故不厭其詳複，而將為下文之說也。佛世界者，謂凡一大世界，必有一佛設化，故凡大世界，皆謂之佛世界。

【顏丙曰】以沙數世界，言其多也。有如是等恆河，是諸恆河所有沙者。等者，比也，將如此沙，比恆河之多，又將諸多恆河中之沙，而數佛世界。佛舉此以問，如是寧為多不？須菩提答云：「甚多。」

【僧若訥曰】明諸恆河中沙，一沙為一世界，舉此為問。

【李文會曰】恆河沙數者，欲明眾生有種種妄念，故舉無窮之沙以為喻耳。

【楞嚴經云】琉璃光法王子，觀世間眾生，皆是妄緣風力所轉，觀世動時，觀身動止，觀心動念，諸動無二，等無差別，此群動性，來無所從，去無所至，十方微塵，顛倒眾生，盡同一虛妄也。

佛告須菩提：「爾所國土中，所有眾生，若干種心，如來悉知。

佛告訴須菩提：「在這眾多世界中的所有生命，他們的各種心念，如來全部都清楚知道。

集註

【王日休曰】所有眾生，謂彼世界中，凡有之眾生，乃一切眾生也。其眾生之心，如來所以悉知者，以此心為妄想，乃自真性中現。既生此妄想心，自佛觀之，則有形相矣。有形相，故可得而知也。若寂然如虛空，則無得而知矣。且所謂他心通者（六通：天眼通，徹視大千；天耳通，洞聽十方；他心通，悉知種類；宿命通，達三世事；神境通，形無窒礙；如意通，任運自在），謂彼既起心念，則此可得而知也。聞有人把棊子於手中，令他心通者觀之，則知其為棊子，以已知為棊子故也。然已則不知其數之多寡，使彼言之，則亦不知其數，以已不知其數故也。由是言之，若一起心念，則如有形相，故可得而知。如佛者，豈止他心通而已哉？故無量眾生，一起心念，皆悉知見無可疑也。

【顏丙曰】若干，乃幾多之意。若幾多心，如來悉知，心鏡一明，無不遍知。

【僧若訥曰】若干者，若，如也；干，數也。顏師古云：「設數之辭也。」若干有二種：一世間凡夫心，二出世間聖人心，如來盡能知之，故名正遍知也。

【李文會曰】若干種心，如來悉知者，眼、耳、鼻、舌、身、意，若起心動念處。皆是國土，於國土中，所有眾生，若干種種差別之心。心數雖多，總名妄心，既覺是迷，故云悉知。

【川禪師云】曾為浪子偏憐客，慣愛貪盃識醉人。頌曰：「眼觀東南，意在西北，將謂猴白，更有猴黑，一切眾生一切心，盡逐無窮聲與色，喝。」

何以故？如來說諸心皆為非心，是名為心。

為什麼這麼說呢？因為一切的心都是相同的心，每個人的心都可映見其他一切心意，而心意是隨時生滅變化，沒有一定的。如來所見這種種的心念，因為無常，所以稱為非心，而明白這個道理後，也可稱它們為心。

集註

【六祖曰】爾所國土中所有眾生，一一眾生，皆有若干差別。心數雖多，總名妄心，識得妄心非心，是名為心。

【顏丙曰】如來說諸心，實無心可得，故曰非心，但強名曰心。

【李文會曰】覺妄之心，即是非心，本無妄念，不起妄心，即是自性本心。故云是名為心，即是菩薩心，亦名涅槃心，亦名大道心，亦名佛心。

【臨濟禪師云】若一念心能解縛，此是觀音三昧法。

【川禪師云】病多諳藥性。頌曰：「一波纔動萬波隨，似蟻循環豈了期，咄！今日為君都割斷，出身方號丈夫兒。」

所以者何？須菩提，過去心不可得，現在心不可得，未來心不可得。」

為什麼呢？須菩提啊，當我們要去尋找的時候，過去的心念是找不到的，現在的心念也是找不到的，而未來的心念，更是誰也無法把握的。心念是不能透過這樣的方式得到或掌握。」

集註

【肇法師曰】聞說諸心，謂有實心，故須破遣，明三世皆空，故論云：「過去已滅，未來未起，現在虛妄，三世推求，了不可得。」

【疏鈔云】未覺不知，隨時流轉，故有三世。若悟真一之心，即無過去現在未來。若有過去心可滅，即是自滅；若有未來心可生，即是自生。既有生有滅，即非常住真心，即為依他心、虛妄心，若一念有生滅心，即成六十二種邪見，九百種煩惱。

【王日休曰】常住真心，即真性也。是以自無量無數劫來，常一定而不變動，豈有過去未來現在哉。若有過去未來現在，則為妄想，此三心是也。且若飽而未欲食，則飲食之心為未來；飢而正欲食，則欲食之心為現在；食畢而放匕箸，則欲食之心為過去。是此心因事而起，事過而滅，故為妄想也。不可得者，謂無也。言此三心本來無有，乃因事而有耳。《圓覺經》所以言六塵緣影，為自心相者，謂眾生以六種塵緣之影，為自己之心相也。

【僧若訥曰】《本生心地觀經》云：「如佛所說，唯將心法為三界主，心法本源，不染塵穢，云何心法染貪、瞋、癡？於三世法唯說為心？過去心已滅，未來心未至，現在心不住。諸法之內，性不可得；諸法之外，相不可得；諸法中間，都不可得。心法本來無有形相，心法本來無有住處，一切如來尚不可見心，何況餘人得見心法？」

【顏丙曰】謂思念前事者，為過去心；思念今事者，為現在心；思念後事者。為未來心；三念總放下者，謂之不可得。經云：「前念後念及今念，念念不被邪見染。」此為三心不可得。古云：「一念不生全體現，亦謂三際俱斷。」三念俱妄，了不可得。

【傅大士頌曰】依他一念起，俱為妄所行，便分六十二，九百亂縱橫（《法華經．二卷》：「世尊偈言，薄德少福人，眾苦所逼迫，入邪見稠林，若有若無等。依止此諸見，具足六十二。」《毘婆沙論》云：「六十二見者，五蘊中各起四見，四五二十，三世各二十，通為六十，斷常二見為根本，總為六十二見，且於色蘊中，即色是我，離色非我，我中有色，色中有我，五蘊中具有此四。」《疏鈔》解三心云：「若一念有生滅心，即成六十二種邪見，九百種煩惱。」），過此滅無滅（一作不滅），當來生不生，常能作此觀，真妄坦然平（晁文元公遇高士劉惟一，訪以生滅之事。劉曰：「人常不死。」公駭之。劉曰：「形死性不滅。是知此性歷長存。」）。

【川禪師曰】低聲低聲，真得鼻孔裡出氣。頌曰：「三際求心心不見，兩眼依然對兩眼，不須遺劍刻舟尋，雪月風花常見面。」

【未曾有經云】妙吉祥菩薩，因見一人，言我造殺業，決墮地獄，如何救度？菩薩即化一人，亦曰：「我造殺業，決墮地獄。」前人聞已，言我亦然，化人告之，唯佛能救。相隨共詣，化人白佛，我造殺業，怖墮地獄，願佛救度。佛即告言：「如汝所說造殺業者，汝從何心而起業相，為過去耶？未來耶？見在耶？」若起過去心者，過去已滅，心不可得；若起未來心者，未來未來，心不可得；若起見在心者，見在不住，心不可得。三界俱不可得故，即無起作。無起作故，於其罪相何所見耶？善男子，心無所住，不在內外中間；心無色相，非青黃赤白；心無造作，無作者故；心非幻化，本真實故；心無邊際，非限量故；心無取捨，非善惡故；心無轉動，非生滅故；心等空虛，無障礙故；心非染淨，離一切數故。善男子作是觀者，即於一切法中，求心不可得，何以故？心之自性，即諸法性，諸法性空，即真實性。由是義故，汝今不應妄生怖畏。是時化人聞佛說法，即白佛言：「我今得悟罪業性空，不生怖畏，爾時實造業者。」亦白佛言：「我今得悟罪業性空，而不復生怖畏之心。」

【李文會曰】謂三世心無性可得，故可從緣而生。

【肇法師云】聞說諸心，謂有實心，故須破遣。明三世皆空，故云過去已滅，未來未起，現在虛妄，三世推求，了不可得。故云若悟無法無相無事平常真心，即法體空寂，不生不滅，湛然清淨，豈有前念今念後念可得也。

【馬祖云】道不用修，但莫汚染。何謂汚染？但有生死造作趣向，皆是汚染。若欲直會其道，平常心即是道。何謂平常心？無造作、無是非、無取捨、無憎愛、無聖凡。是故經云：「非凡夫行，非聖賢行，是菩薩行。」

【趙州問南泉云】如何是道？泉云：「平常心是道。」

【圜悟禪師頌曰】欲識平常道，天真任自然，行船宜舉棹，走馬即加鞭，若遇飢來飯，還應睏即眠，盡從緣所得，所得亦非緣。

法界通化分第十九

「須菩提，於意云何？若有人滿三千大千世界七寶，以用布施，是人以是因緣，得福多不？」

「如是，世尊。此人以是因緣，得福甚多。」

「須菩提，若福德有實，如來不說得福德多，以福德無故，如來說得福德多。」

「須菩提，你覺得呢？如果有人以能夠充滿三千大千世界的七種珍寶，作為行善布施之用，這個人所得到的福德，是不是很多呢？」

「是的，世尊。此人因為布施的緣故，得到許多功德福報。」

「須菩提，如果福德是真實的東西，是來自外在的報償，那麼如來就不會說得到很多福德。正因為福德不是真實存在的，是無形的內在感受，所以如來才說，會得到很多福德。」

集註

【自在力王如來解曰】此雖如是布施，只是有礙之寶，不是無為清淨功德，是故如來不說多也。若有菩薩，以盧舍那身中七覺菩提，持齋禮讚，從其心燈，化生功德，不生不滅，堅如金剛，乘香花雲，入無邊界，起光明臺，供養十方一切諸佛，此是無為功德見性之施，化為菩薩。頌曰：「廣將七寶持為施，如來不說福田多，若用心燈充供養，威光遍照滿娑婆。」

【疏鈔云】若據捨大千珍寶布施，其福極多，若執著希望福德，有餘則有盡，故云若福德執實有，如來不說得福德多。此是反釋之義，言以福德無者，無希望心也。既無希望，即為無住相施，是名無為福，若依無住無為而施者，故如來說得福德多。

【僧若訥曰】福有者，取相也；福無者，離相也。離相故稱性，性如虛空，其福無量。

【顏丙曰】假使盡世界七寶布施，此乃人天小果，有漏之因，終不免輪迴，畢竟有墮落，不足為多。以福德無故，此其所以為多也。所謂無之一字，趙州教人見性看話頭，自云狗子還有佛性無？應云無，只將這無字，貼向鼻頭上，崖來崖去，久久自然有箇入頭處，是則是，切不得作無字會。

【僧微師曰】世尊召云須菩提，若能施之人，以妄識為本，修布施行，即取著能所者，以為實有此福，即成顛倒，如來不說此福德多。以福德無故者，若能施之人，以佛智為本，修布施行，悉皆離相，不見福為實有，即非顛倒，如來說此人福德甚多。

【智者禪師頌曰】三千大世界，七寶滿其中，有人持布施，得福也如風，猶勝慳貪者，未得達真宗，終須四句偈，知覺證全空。

【李文會曰】凡夫住相布施七寶，希求福利，此是妄心，所得福德，不足為多，不如淨妙無住之福，無得之德，同於虛空，無有邊際。

【川禪師云】猶勝別勞心。頌曰：「羅漢應供薄，象身七寶珍，雖然多濁富，爭似少清貧，罔象只因無意得，離婁失在有心親。」

離色離相分第二十

「須菩提，於意云何？佛可以具足色身見不？」

「不也，世尊。如來不應以具足色身見。

「須菩提，你說說看，可不可以用如來所具備的三十二種特色，來認識佛呢？」
「不可以，世尊。不應以這三十二種特徵，來判斷是不是如來。」

集註

【陳雄曰】色身者，三十二相也。具足者，無一而虧欠也。備三十二行而具足是相，三十二行，法身中有之，欲見法身如來，識自本心，見自本性足矣。豈應見於具足色身也哉。

何以故？如來說具足色身，即非具足色身，是名具足色身。」

為什麼呢？因為這些身體的特徵，並不算是特徵，不是成佛的條件。」

集註

【陳雄曰】《壇經》云：「皮肉是色身。」《華嚴經》云：「色身非是佛。」觀此則知肉身無如來，殊不知有生如來存焉；知色身非法身，殊不知有妙色身存焉。《華嚴經》又云：「清淨妙色身，神力故顯現。」曰妙色身，則現一切色身三昧，便是法身如來，即非具足色身可知，以非具足色身，而名為具足色身者，蓋得其所以具足色身故也。

「須菩提，於意云何？如來可以具足諸相見不？」

「不也，世尊。如來不應以具足諸相見。何以故？如來說諸相具足，即非具足，是名諸相具足。」

「須菩提，你認為如何？可不可以用圓滿具足的諸相來認識如來呢？」

「不可以，世尊。不可以用圓滿具足的諸相來認識如來。為什麼這麼說呢？因為如來說過，所謂諸相具足，只不過是完美圓滿而顯示的相狀，為了方便度化眾生而假借的一個名字，稱之為具足諸相而已。」

集註

【陳雄曰】《楞伽經》云：「相者，若處所、形相、色像等現，是名為相。」此言諸相者，種種變現，神通之相也。又不止於三十二相而已。如來離色離相，以淨行則具足三十二，以智慧則具足八萬四千，具足三明、六神通、八解脫（《法華經．三卷》云：「佛於天人大眾之中，說是法時，六百萬億那由他人，皆得三明六通，具八解脫。」），此之具足，即非諸相之所謂具足也。然此之具足，乃其實也。而諸相具足，特其華耳，充其實則其華必副之，是以有諸相具足之名。

【顏丙曰】佛，覺也。覺性如虛空，不應以具足色身見，唯見性人，方知即非色身。如夫子毋我，顏子坐忘是也。自性如來，不應以具足諸相見，性尚不可得，又何有諸相，故以即非之說為掃除之。

【王日休曰】此分與第五分第十三分之意同，於此再言者，為續來聽者說也（傅本十三分，王本十六分）。

【李文會曰】心既空寂，湛然清淨，豈有色身諸相可得。凡夫既不著有，即著於空，有此斷常二見。謂觀空莫非見色，觀色莫不皆空，即是具足色身，具足諸相，非具足也。空色一如，有無不異，方可能觀無身而見一切身，無相而見一切相，是名色身具足，諸相具足也。

【僧問趙州】狗子有佛性麼?州云：「狗子無佛性。」進云：「蠢動含靈，皆有佛性，為什麼狗子無佛性？」州云：「為他有業識在。」夫有業識之人，種種著於有，起諸妄想者，此名顛倒知見，種種落於空，都無所悟者，此名斷滅知見。宿有善根之人，無此顛倒斷滅二病，而能洞曉空趣，此名正真知見。若悟此理，乃可隨時著衣吃飯，長養聖胎，任運過時，更有何事。

【四祖謂牛頭融禪師云】百千妙門，同歸方寸，恆沙功德，總在心源，一切空門，一切慧門，一切行門，悉皆具足。神通妙用，只在伱心。業障煩惱，本來空寂。一切果報，性相平等。大道虛曠，絕思絕慮。如是之法，無欠無餘，與佛無殊，更無別法。但只令心自在，莫懷妄想，亦莫歡欣，莫起貪瞋，莫生憂慮，蕩蕩無礙，任意縱橫，不作眾善，不作諸惡，行住坐臥，觸目遇緣，皆是佛之妙用。

【祖印明禪師云】養就家欄水牯牛，自歸自去有來由，如今穩坐深雲裡，秦不管兮漢不收。

【傅大士頌曰】八十隨形好，相分三十二（《般若經》第十卷，言八十種好，文繁不錄），應物萬般形，理中非一異，人法兩俱遣，色心齊一棄，所以證菩提，實由諸相離。

【川禪師云】官不容針，私通車馬。頌曰：「請君仰面看虛空，廓落無邊不見蹤，若解轉身些子力，頭頭物物總相逢。」

「須菩提，汝勿謂如來作是念：『我當有所說法。』莫作是念。何以故？若人言如來有所說法，即為謗佛，不能解我所說故。

「須菩提，你不要認為如來心中會有這樣的想法：『我一定要說一些道理。』千萬不要這麼想。為什麼呢？因為如果有人說如來有道理可講，就是毀謗如來。這樣的人，不能了解我話中的含意，所以才會這麼說。

集註

【李文會曰】心既清淨，語默皆如，遇緣即施，緣散即寂。

【張無盡云】非法無生談空，非人無以說法，此謂不同生滅之心，有法可說也。若有以滅心在而說法者，是教一切人不能得見自性，謂之謗佛，但無生滅心，方可說法。

【川禪師云】是即是大藏小藏從甚處得來。頌曰：「有說皆為謗，無言亦不容，為君通一線，日出嶺東紅。」

須菩提，說法者，無法可說，是名說法。」

須菩提，所謂的說法，事實上並沒有什麼道理可講解，只不過為度化眾生，協助他們了悟真性而已，因此假借個名稱，稱之為說法。」

集註

【王日休曰】若人言如來有所說法，即為謗佛者，謂佛本不說法，以真性無法可說，若以為佛本說法，即為志在於法耳，佛豈志在於法哉，此所以為謗佛，所以為不能解佛所說之故也。佛又呼須菩提而言，說法者實無有法，謂本來無法，特為眾生去除外妄而說耳，此法豈真實哉，眾生既悟，則不用此法矣，故但虛名為說法而已。此分與第七分言無有少法，如來所得之意大略同；亦與十三分所謂無有少法，如來所說之意同（傅本在十三分，王本在十五分），然此再舉者，後詳言之，亦為續來聽者說也。

【顏丙曰】終日吃飯不曾咬著一粒米，終日著衣不曾掛著一莖絲，所以我佛橫說直說，四十九年未嘗道著一字，唯同道方知。若言如來有所說，即為謗佛，不能解會我所說，直饒說得天花亂墜，也落在第二著。唯能坐斷十方，打成一片，非言語可到，是名真說法也。所以道牆壁瓦礫，說禪浩浩，前輩頌云：「也大奇，也大奇，無情說法不思議，若將耳聽終難會，眼處聞聲方得知。」

【謝靈運曰】教傳者，說法之意也。向言無說，非杜默而不語，但無存而說，則說滿天下。無乖，法理之過。無存，謂不著諸相，心無所住也。

【傅大士云】相寂名亦遣，心融境亦亡，去來終莫見，語默永無妨，智入圓成理，身同法性常，證真還了俗，不廢是津梁。

【川禪師云】兔角杖，龜毛拂。頌曰：「多年石馬放毫光，鐵牛哮吼入長江，虛空一喝無蹤跡，不覺潛身北斗藏，且道是說法，不是說法。」

爾時，慧命須菩提

那時，稟性聰慧的須菩提

慧命：對有德比丘的尊稱。

集註

【疏鈔云】爾時，當起問之時也。言慧命者，善現達佛智海，入深法門。悟慧無生，覺本源之命非去非來，故曰慧命須菩提。

【陳雄曰】慧命須菩提，見於《法華經．信解品》。慧以德言，命以壽言，即長老之異名也。

【顏丙曰】慧命者，具智慧性也，故曰天命之謂性。

白佛言：「世尊，頗有眾生，於未來世，聞說是法，生信心不？」佛言：「須菩提，彼非眾生，非不眾生。何以故？須菩提，眾生眾生者，如來說非眾生，是名眾生。」

向佛請問：「世尊，將來的人如果聽到您說這個無法可說的法，能夠生出信心嗎？」

佛說：「須菩提啊，那些將來之人既不是眾生，也不是不是眾生。這是什麼意思呢？須菩提，眾生之所以稱為是眾生，只是因為尚未了悟，如果這些人能夠了悟，也能成佛，因此如來說，他們不是真實的眾生，只是假名為眾生。」

集註

【疏鈔云】佛言彼非眾生者，皆具真一之性，與佛同源，故曰非眾生。言非不眾生者，背真逐妄，自喪己靈，故曰非不是眾生。

【王日休解第二分云】命者壽之意，壽者老之意，其言慧命者，以須菩提既得慧眼，且年高矣。須菩提於此問頗有眾生，於未來世，聞說是法，生信心不？佛言彼非眾生非不眾生者，恐聽法者誤認眾生以為實有，故曰彼非眾生，謂自業緣中現，業盡則滅，豈有真實眾生也。然亦有眾生之身現在，此又不可謂之非眾生，故曰非不眾生，但非真實而為虛幻耳。佛又自問云，何以故者，謂何故非不眾生？乃呼須菩提而自答云，眾生眾生者，謂凡為眾生者，則所謂一切眾生也。如來說非眾生，是名眾生者，謂一切眾生，佛皆以為非真實眾生，但虛名為眾生而已，此佛自言也。而又言如來說者，豈非諸佛亦如是說乎。

【顏丙曰】須菩提問佛，眾生於未來世，聞說是法，生信心不？佛答曰：彼非眾生，非不眾生者，蓋眾生屬有，不眾生屬無，彼眾生性，本同太虛，不落有無二見，如來說非眾生，但假名眾生。故佛嘗曰：我不敢輕於汝等，汝等皆當作佛，我佛未嘗輕眾生也如此。

【智者禪師頌曰】不言有所說，所說妙難窮，有說皆為謗，至道處其中，多言無所解，默耳得三空（三空即見第一分，又《疏鈔》云：「有無中道，亦曰三輪體空。」），智覺剎那頃，無生無始終（俱舍等論，謂時之最少，名一剎那；一百二十剎那，名一怛剎那；六十怛剎那，名一羅婆；三十羅婆，名一牟呼栗多，亦云須臾；三十牟呼栗多，為一晝夜）。

【川禪師曰】火熱風動，水濕地堅。頌曰：「指鹿豈能成駿馬，言烏誰謂是翔鸞，雖然不許纖毫異，馬字驢名幾百般（靈幽法師，如此慧命須菩提六十二字，是唐長慶二年，今在濠州鍾離寺石碑上記，六祖解在前故無解，今亦存之）。」

【李文會曰】此則魏譯偈也。長慶中僧靈幽入冥所，指魏譯則存，秦譯則無也。謂言若敬信佛法，即著聖見，非眾生也。若不信佛法，即著凡夫見，非不眾生。若起此二見者，是不了中道也，須是令教凡聖皆盡，不住兩頭，方是正真見解，故云眾生眾生者，如來說非眾生是名眾生也。

須菩提白佛言：「世尊，佛得阿耨多羅三藐三菩提，為無所得耶？」

佛言：「如是，如是。須菩提，我於阿耨多羅三藐三菩提，乃至無有少法可得，是名阿耨多羅三藐三菩提。」

須菩提請問佛：「世尊，佛得到無上的覺悟，難道竟是什麼也沒有得到嗎？」

佛說：「正是如此。須菩提，我對於得到至高無上的覺悟上面，甚至連一點法都沒有得到。法並非實體存在，只是假一個名字，稱之為無上的覺悟而已。」

集註

【王日休曰】此分與第七分大概同，於此再言者，為續來聽者說也。佛言如是如是者，蓋深許其言之當也。阿耨多羅三藐三菩提無有少法可得者，謂性中無有少法可得，無有所得，則蕩然空空，是不可以形相求，不可以言說求也。但說名為無上正等正覺而已。

【陳雄曰】《壇經》云：「妙性本空，無有一法可得。」既無一法可得，寧須有菩提可證耶？我佛無得無證，無名可名，是以強名曰阿耨菩提。

【顏丙曰】有法可得，是名法縛；無法可得，方名解脫。須菩提以無所得之辭而告世尊，世尊即以如是如是而證據之。佛又云，我於無上正等正覺，乃至無少法可得，虛名而已。

【智者禪師頌曰】諸佛智明覺，覺性本無涯，佛因有何得，所得為無耶？妙性難量比，得理即無差，執迷不悟者，路錯幾河沙。

【李文會曰】若有少法可得，亦是著相。

【誌公云】但有纖毫即是塵，舉意便遭魔所攪。經云：「若人欲識佛境界，當淨其意如虛空。」學道之人，但於一切諸法無取無捨，見如不見，聞如不聞，心如木石，刮削併當，令內外清淨，方是逍遙自在底人。

【法句經云】雖然日見，猶為無見，雖終日聞，猶為無聞。

【草堂清和尚云】擊石乃出火，火光終不然，碧潭深萬丈，直下見青天。

【逍遙翁云】內覺身心空，外覺萬事空，破諸相訖，自然無可執、無可爭，此謂禪悅。所謂大明了人，勿令有秋毫許障礙，微塵許染著，堅久不渝，便是無上士，不動尊也。

【琪禪師云】念念釋迦出世，步步彌勒下生，分別現文殊之心，運用動普賢之行，門門而皆出甘露，味味而盡是醍醐，不出旃檀之林，長處華藏之境，若如此也。行住坐臥，觸目遇緣，雖應用千差，且湛然清淨。

【川禪師云】求人不如求己。頌曰：「滴水生冰信有之，綠楊芳草色依依，春花秋月無窮事，不妨閒聽鷓鴣啼。」

淨心行善分第二十三

「復次，須菩提，是法平等，無有高下，是名阿耨多羅三藐三菩提。

「再者，須菩提，這種覺悟是完全平等的，沒有高下的差異，所以才被稱為是無上的覺悟。

集註

【王日休曰】六本皆作是法平等無有高下，然此所謂是法，乃真性也。真性豈可謂之法哉，強名曰法耳，上自諸佛，下至蠢動含靈，其真性一同，故云平等，無有高下，謂色身則有高下，真性則無高下也。

【謝靈運曰】結成菩薩義也，人無貴賤，法無好醜，蕩然平等，菩提義也。

【肇法師曰】明此法身菩提，在六道中亦不滅下，在諸佛心中亦不增高，是名平等，無上菩提。

【真武說報父母恩重經云】物不能平物，惟水不動，則可以平物；物不能等物，惟權衡之公，則可以等物，平則無高無下，等則無重無輕。

【李文會曰】是法平等無有高下者，凡夫不見自性，妄識分別，自生高下，謂佛是高，眾生是下。菩薩了悟人法二空，上至諸佛，下至螻蟻，皆有佛性，無所分別，故一切法皆平等，豈有高下也。

【黃蘗禪師云】若觀佛作清淨光明解脫之相，觀眾生作垢濁暗昧生死之相，作此解者，歷恆河沙劫，終不能得阿耨菩提。又云心若平等，不分高下，即與眾生諸佛，世界山河，有相無相，遍十方界，一切平等，無我彼相，此本源清淨心，常自圓滿光明遍照也。

【傅大士云】水陸同真際，飛行體一如，法中何彼此，理上起親疏，自他分別遣，高下執情除，了斯平等性，咸共入無餘。

以無我、無人、無眾生、無壽者，

只要不執著於自我和別人的差異，不執著於生命不會消散、靈魂永恆不滅，用這種的態度，

集註

【王日休曰】所以名為無上正等正覺者，以真性中本無我、人、眾生、壽者，此四者乃妄緣中現，而正性則平等，豈有四者之異哉。故名為無上正等正覺也。

修一切善法，即得阿耨多羅三藐三菩提。

去領會、修持一切善的道理，加以實踐，就能夠得到無上的覺悟。

集註

【王日休曰】一切善法，乃佛接引眾生悟明真性之法也。依此法修行，即得無上正等正覺之真性也。真性我本有之，豈可謂之得哉，蓋凡言得者，皆謂自外而得，此則非自外而得，故不可謂之得，然此則言得者，蓋不得已而強名曰得耳。

【李文會曰】修一切善法者，若不能離諸相而修善法，終不能得解脫，但離諸相而修善法，即得阿耨多羅三藐三菩提也。又云：「若人於一切事，無染無著，於一切境，不動不搖，於一切法，無取無捨，於一切時，常行方便，隨順眾生，令皆歡喜，而為說法，令悟菩提真性，此即名為修善法也。」

【川禪師云】山高水深，日生月落。頌曰：「僧是僧兮俗是俗，喜則笑兮悲則哭，若能於此善參詳，六六從來三十六。」

須菩提，所言善法者，如來說即非善法，是名善法。」

須菩提啊，所謂的善法，實際上並非真實存在，如來說它不是真正的善法，只是為了開悟眾生而姑且給它的一個名字而已。」

集註

【王日休曰】佛又呼須菩提！而謂所言善法者即非善法，謂本來無此善法，乃假此以開悟眾生耳，故但虛名為善法而已。

【顏丙曰】兩頭話有三十六對，善與惡對，有與無對，生與死對，去與來對，動與靜對，語與默對，勝與負對，高與下對，不作兩頭見，是為平等法，亦名無上正等正覺。以無四相心，修一切善法，即得阿耨多羅三藐三菩提。所謂即非善法者，蓋凡夫執惡，聲聞著善，若不離善法，又落兩頭機，豈謂平等。

【傅大士頌曰】水陸同真際，飛行體一如（子榮曰：「水陸同真際者，總標四生有情之本，皆有一真之性，故云飛行體一如。今據經云：是法平等無有高下，故此頌亦總四生而言之也。水之所產，陸之所生，水陸雖不同，而一性之真際則未嘗不同也；有翼者能飛，有足者能行，能飛雖不一，而一性之本體則未嘗不一也。」），法中何彼此，理上起親疏（性中所有之法，曾何彼此之間，性中所具之理，豈有親疏之殊），自他分別遣（自者，己也；他者，人也。自己他人妄生分別者，皆當遣去。《圓覺經》曰：「自他身心。」註云：「自之身心，即我相也；他之身心。即人相也。」又曰：「自性憎愛故。」註云：「於自則愛，於他則憎。」），高下執情除（妄分高下而坐執著之情，亦當除之），了斯平等性，咸共入無餘（經曰：「是法平等無有高下。」有人若能了悟平等之性，則咸共入於無餘涅槃矣。寒山詩曰：「佛性元平等，總有真如性，但自審思量，不用閑爭競。」）。

【李文會曰】不住相故，即非善法，無漏福故，是名善法。

【法華經云】初善中善後善者，初謂發善心時，須是念念精進，不生疑惑懈怠之心，中謂常修一切善法，令悟真性，不著諸法相也。後謂即破善法，直教一切善惡凡聖，無取捨憎愛之心，平常無事，故云即非善法，是名善法也。

【古德云】了取平常心是道，飢來吃飯睏來眠。又云：「常平等心，如此廣大，妙觀察智，如日光明，體用及此，是佛境界。」

【川禪師云】面上夾竹桃花，肚裡侵天荊棘。頌曰：「是惡非惡，從善非善，將逐符行，兵隨印轉。有時獨上妙高峰，卻來端坐閻王殿，見盡人間祇點頭，大悲手眼多方便。」

「須菩提，若三千大千世界中，所有諸須彌山王，如是等七寶聚，有人持用布施。

「須菩提，如果有人拿出相當三千大千世界中，所有須彌大山加總起來那麼高的七種珍寶，用來行善布施。

集註

【疏鈔云】大千世界中，所有須彌山王，上至忉利天，下至崑崙際，若有時七寶如須彌山高，持用布施，獲福不可知數。問：還有過此福者不？下文答。

【僧微師曰】佛召云：「須菩提！」且如一四天下，則有一須彌山，若據三千大千世界，所有百億須彌山，是眾山之最，故言山王。

若人以此《般若波羅蜜經》，乃至四句偈等，受持讀誦，為他人說，於前福德，百分不及一，百千萬億分，乃至算數譬喻所不能及。」

另外有人，只是信奉領會這部《般若波羅蜜經》，甚至只了解其中的四句經文，閱讀講誦、向他人宣揚經典的經義，他所獲得的福德，要遠比前面那個慷慨布施之人更多上一百倍、一千倍、百萬億倍，甚至遠超過數字的計算或譬喻所能計數的程度。」

集註

【疏鈔云】若於無住般若，受持真四句偈，及書寫誦念，為他人演說，如是等人。所得功德，不可稱計。何以故？悟性圓融，不斷有為而證無為，不除妄想而趣真常，達第一義。於一念之間，得無為福，無為福德，量等虛空，不可思議。故經云，於前捨須彌山珍寶布施福德，若比無為福，百千萬億倍，不及一倍。

【王日休曰】此言所有諸須彌山王，如是等七寶聚布施，而不可以此受持演說之功者，以彼則世間福，終有時而受盡，此則為出世間福，愈增長而終無窮故也。

【陳雄曰】佛以性上福德為最上，以身中七寶為希有，倘七寶滿三千大千世界之多，等須彌山之高大，有能持以布施，則其福德，想不下於須彌山。今有人焉，持誦真經并四句偈，說與他人，是修自性上福德，是聚自身中七寶，回視多施七寶之福，萬萬不侔。五祖曰：「自性若迷，福何可救。」六祖曰：「乘船永世求珠，不知身是七寶。」二佛之言，皆為世人不修身修性，徒施寶以為求福之道。

【顏丙曰】此一分專較量福德輕重。若有人將七寶比於須彌山王布施，所得福德，比之持經之人，百分不及一分。況持經之人，又能悟四句偈等，受持讀誦，為他人說，不特自利，又且利他，如此福德無量，有百千萬億分，乃至不可算數譬喻。正如寒山云：「無物堪比倫，教我如何說。」

【李文會曰】聚七寶布施，如三千大千世界中須彌山王，所得無量無邊功德，此為住相布施，終無解脫之期。不如受持讀誦此經，乃至四句偈等，所得無住相淨妙功德，勝前功德，百千萬倍。

【傅大士頌曰】施寶如沙數，唯成有漏因，不如無我觀，了妄乃名真，欲證無生忍，要假離貪瞋，人法知無我，消遙出六塵。

【川禪師云】千錐劄地，不如鈍鍬一捺。頌曰：「麒麟鸞鳳不成群，尺璧寸珠那入市，逐風之馬不並馳，倚天長劍人難比，乾坤不覆載，劫火不能壞，凜凜威光混太虛天，上人間總不如，噫。」

化無所化分第二十五

「須菩提，於意云何？汝等勿謂如來作是念：『我當度眾生。』須菩提，莫作是念。何以故？實無有眾生如來度者。

「須菩提，你覺得如何？你千萬不要以為，如來有過『我想要解救眾生』的想法。須菩提，不要這麼想。為什麼呢？因為實際上並沒有眾生是可以被如來所解救的。

集註

【僧若訥曰】如來雖設法施，廣度眾生，而不作是念，故誡云，汝等勿謂也。莫作是念者，重誡也。度無度相，能所一如。故《論偈》云：「平等真法界，佛不度眾生。」

【李文會曰】實無有眾生如來度者，如來不見有眾生可度。又云：「謂諸眾生起無量無邊煩惱妄想。」於一切善惡凡聖等見，有取捨分別之心，迷情蓋覆菩提之心，佛出於世，教令覺悟，降六賊、斷三毒、除人我，若能了悟人法二空，無諸妄念，心常空寂，湛然清淨，更不停留纖毫滯礙，即是見性，實無眾生可化度也。

【石霜禪師云】休去歇去，古廟香爐去，枯木寒灰去，一念萬年去，如人死人去，若能如此用，心安有不成道乎。

若有眾生如來度者，如來即有我、人、眾生、壽者。

因為如果如來有眾生可以被我解救的想法，那麼如來就有了別人和我的分別、有對生命和靈魂等方面的執著之心。

集註

【王日休曰】佛謂須菩提云：「汝等勿謂如來作是念：『我當度眾生。』」又呼須菩提而再言曰「莫作是念」，何以故者？以實無眾生如來所度。謂一切眾生，皆是妄緣中現，其實無有，若言有眾生如來所度，即是執著於有我人眾生壽者也。

【僧若訥曰】若見有可度者，即同凡夫有我執也。

【李文會曰】若有眾生如來度者，即有我、人、眾生、壽者相，人人具足，箇箇圓成，本來是佛，與佛無異。

【圜悟禪師云】赤肉團上，人人古佛家風，毘盧頂上，處處祖師巴鼻，若也恁麼返照，凝然一段光明，非色非心，非內非外，行棒也打他不著，行喝也驚他不得，直得淨裸裸、赤洒洒，是箇無生法忍，不退轉輪，截斷兩頭，歸家穩坐，正當恁麼時，不須他處覓，祇此是西方。

【傅大士云】夜夜抱佛眠，朝朝還共起，坐起鎮相隨，語默同居止，纖毫不相離。如身影相似，欲識佛去處，只這語聲是。眾生但為業障深重，與佛有殊，若能迴光返照，一刀兩段，即便見自性也。若不因佛經教，一切眾生無因自悟，憑何修行，得至佛地，此是如來無所得心。故云若有眾生如來度者，即有我人眾生壽者相也。

【川禪師云】春蘭秋菊，各自馨香。頌曰：「生下東西七步行，人人鼻直兩眉橫。哆啝悲喜皆相似，那時誰更問尊堂，還記得在麼。」

須菩提，如來說有我者，即非有我，而凡夫之人，以為有我。

須菩提，當如來口中稱『有我』的時候，實際並不是真正在指什麼不變、不滅的我，但是對一般人來說，卻以為『有我』就是真實的有我。

集註

【僧若訥曰】如來既無我人等相，云何有時稱我，須知假名稱我，對所度眾生，隨時說我。

【李文會曰】有我者即是凡夫，非我者隨處作主，應用無方。故云：「凡是佛因，佛是凡果。」

【境界經云】三世諸佛皆無所有，唯有自心，既明因果無差，乃知心外無法。二乘之人執有我相，欲離生死，而求涅槃，欲捨煩惱，而求滅度，是捨一邊，不了中道，乃同凡夫行也。

須菩提，凡夫者，如來說即非凡夫，是名凡夫。」

須菩提，所謂的凡夫，如來說並不是凡夫，他們只是在尚未領悟之前，暫且假名被稱為凡夫而已。這些人一旦了悟，就不再是凡夫。」

集註

【王日休曰】佛又呼須菩提而言凡夫者，謂非有真實凡夫，但虛名為凡夫而已，此所謂隨舉隨掃也。上言凡夫，是之謂舉，下必言無真實凡夫，是之謂掃。與其掃之，曷若不舉？蓋不舉則無以明其理，譬如過渡而不用筏者也；不掃則恐人泥其說，譬如到岸而不登，乃住於筏上者也。此所以必舉之而又必掃之。

【僧若訥曰】因上如來說我釋非凡夫，卻見佛與凡夫有隔，於是亡泯，則聖凡平等，故云即非凡夫。

【顏丙曰】當人自性自度，迷來悟度，邪來正度，從言諸佛言句，但為指出路頭，。須是自行自履，豈由他人。所以道：實無眾生如來度者，若有可度，是如來有四相，如來乃見性人也。所以無我，凡夫未見性人也；所以我相未忘，佛又恐人落分別界，故曰即非凡夫，所以見如來凡夫本同一性，不容分別。

【智者禪師頌曰】眾生修因果，果熟自然圓，法船自然度，何必要人牽。恰似捕魚者，得魚忘卻筌，若道如來度，從來度幾舡（經上文曰：實無有眾生如來度者，一切眾生本來是佛，何生可度）。

【李文會曰】即非凡夫者，一念清淨，非凡非佛，故云即非凡夫。凡夫亦空，迷者妄執，但無執著，即一切清淨耳。

【川禪師云】前念眾生後念佛，佛與眾生是何物。頌曰：「不見三頭六臂，卻能拈匙放筋，有時醉酒罵人，忽爾燒香作禮，手把破沙盆，身披羅錦綺，做模打樣百千般，驀鼻牽來祇是你。嘎。」

法身非相分第二十六

「須菩提，於意云何？可以三十二相觀如來不？」

須菩提言：「如是，如是。以三十二相觀如來。」

「須菩提，你說，我們可不可以從身體的三十二種特徵，去判斷誰是如來，誰不是如來呢？」

須菩提回答，「可以，可以。我們可以從身體的三十二種特徵，去判斷誰是如來。」

集註

【王日休曰】如來，謂真佛也。第五分已言此意矣，於此再言者，為續來聽者說，故兼及轉輪聖王之說也。

【李文會曰】空生疑謂眾生是有，可他成聖，法身不無，可以妙相而見妙也。

【川禪師云】錯。頌曰：「泥塑木雕縑綵畫，堆青抹綠更裝金，若言此是如來相，笑殺南無觀世音。」

佛言：「須菩提，若以三十二相觀如來者，轉輪聖王即是如來。」

須菩提白佛言：「世尊，如我解佛所說義，不應以三十二相觀如來。」

佛說：「須菩提啊，如果能夠以身體的三十二種特徵，去判斷誰是如來，或誰不是如來的話，那麼轉輪聖王也是如來了，因為他也具有這三十二種相同的身體特徵。」

須菩提恭敬的回答：「世尊，現在我了解您說的意思了，我們不應該從三十二種身體特徵，判斷到底是不是如來。」

轉輪聖王：佛教傳說中，轉輪王被認為具備神聖的三十二相。擁有七寶、具足四德，統一須彌四洲，以正法御世，其國土豐饒，人民和樂。

集註

【六祖曰】世尊大慈，恐須菩提執相之病未除，故作此問。須菩提未知佛意，乃言如是如是之言，早是迷心。更言以三十二相觀如來，又是一重迷心，離真轉遠，故如來為說，除彼迷心。若以三十二相觀如來者，轉輪聖王即是如來，轉輪聖王雖有三十二相，豈得同如來。世尊引此言者，以遣須菩提執相之病，令其所悟深澈。須菩提被問，迷心頓釋，故云如我解佛所說義，不應以三十二相觀如來。須菩提是大阿羅漢，所悟甚深，得方便門，不生迷路，以冀世尊除遣細惑，令後世眾生所見不謬也。

【王日休曰】佛又呼須菩提而言，若以三十二相觀如來者，轉輪聖王即是如來，且轉輪聖王是為四天王，乃管四天下，正、五、九月照南閻浮提，二、六、十月照西瞿耶尼，三、七、十一月照北鬱單越，四、八、十二月照東弗婆提，常如輪之轉，以照四天下，察人間善惡，故名轉輪聖王。以其福業之多，故色身亦具足三十二相一如佛，佛故謂若以三十二相為佛，則轉輪聖王亦當為佛，是不可以三十二相見佛。故繼云不應以三十二相觀如來也。

【李文會曰】轉輪聖王即是如來者，佛以近事質之，令其自解。又云：「未達我、人、眾生、壽者四相，即是心有生滅。」生滅即是轉輪義。王者，心也。雖修三十二淨行，生滅心即轉多，終不契清淨本來心，故云不應以三十二相觀如來也。

【川禪師云】錯。頌曰：「有相身中無相身，金香爐下鐵崑崙，頭頭盡是吾家物，何必靈山問世尊！如王秉。」

爾時世尊而說偈言：「若以色見我，以音聲求我，是人行邪道，不能見如來。」

這時，佛陀說了一段偈語：「如果想以外在的形相來識別我，或是用外在的聲音來尋求我，此人就淪入了邪道，無法見到如來真正的面目。」

集註

【劉虯云】音聲色相，本自心生，分別之心，皆落邪道，若能見無所見，聞無所聞，知無所知，證無所證，體茲妙理，方見如來。《虛皇天尊經．章四十四》妙行曰：「妄為妙相七十二，頂負九色光，諸大仙人，以是睹天尊也。」天尊曰：「我以非色，汝妄為色；我以非相，汝妄為相……若以九色七十二相觀我，即是離無著有，不可與聞，無上之義。」

【疏鈔云】佛言善現，汝不可以眼見我之法身，何故？法身無相，云何見得，眾生妙性，亦復如是，不可以見之。又言以音聲求我者，佛之法身，還可耳音而聞，若以耳聞者，亦非法身。如眾生自性，還可以耳聞，若以耳聞者，即非佛性。所以佛言，若以見聞我法身者，是人行邪道，不能見如來。如來法身者，非色非聲，無形無狀，不可以心思，不可以識識，在凡不少，至聖不增，看時不見，悟則全彰。

【王日休曰】我謂真我，乃性佛也。此如來亦謂真性之佛，若以色見我，以音聲求我，是人行邪道者，謂真性佛，無形無相，故不可以形色見，亦不可以音聲求，若以形色見，以音聲求，是人所行者乃邪道也。真性乃正，故非邪也。形色音聲則為邪耳，故以形色音聲求佛，則是所行者邪道，豈可以見正覺常住之真性佛哉，故曰不能見如來。如來，即所謂真我，即所謂性佛也。

【僧若訥曰】言我者，此是法身真常淨我，隨流布而說，若以色見聲求，心遊理外，皆名邪見，不能見法耳。

【肇法師曰】所謂諸相煥目而非形，八音盈耳而非聲，應化非真佛，亦非說法者，法體清淨，猶若虛空，無有染礙，不落一切塵境，今且略舉聲色。

【陳雄曰】我者，我之性也。法身如來，即我性是，視之不見，以色相取不可也。聽之不聞，以音聲求不可也。《華嚴經》云：「色身非是佛，音聲亦復然。」又云：「不了彼真性，是人不見佛。」惟內觀返照，即性而修，則如來得之於方寸之間矣。

【顏丙曰】轉輪聖王，外貌端嚴，具足三十二相，然不明佛性，但享頑福，有時而盡。佛言若以三十二相觀如來者，轉輪聖王即是如來。須菩提後聞佛語，方始稱如我解佛義，不應以三十二相觀如來，所以世尊為說偈語，若以色見我，以音聲求我。我者，有我相也。不得大自在，欲以形色言音而求見我相者，是人乃行邪道，即非正見。不能見如來者，不能得見此如如之性也。

【傅大士頌曰】涅槃含四德，唯我契真常（《楞嚴》四卷，非大涅槃，非常、非樂、非我、非淨。註云：「非所證法，涅槃四德是也。」涅槃是總，四德是別），齊名入自在，獨我最靈長（《懺法》云：「覺諸佛涅槃，入自在觸。」），非色非聲相，心識豈能量，看時不可見，悟理即形彰。

【川禪師曰】真饒不作聲求色見，未見如來在，道如何得見，審不審。頌曰：「見色聞聲世本常，一重雪上一重霜，君今要見黃頭老（黃頭老，乃釋迦佛也），走入摩耶（摩耶夫人，乃釋迦佛母）腹內藏，噫，此語三十年後，擲地金聲在。」

「須菩提，汝若作是念：『如來不以具足相故，得阿耨多羅三藐三菩提。』須菩提，莫作是念：『如來不以具足相故，得阿耨多羅三藐三菩提。』須菩提，汝若作是念：『發阿耨多羅三藐三菩提心者，說諸法斷滅。』莫作是念。何以故？發阿耨多羅三藐三菩提心者，於法不說斷滅相。」

「須菩提，如果你以為如來是因為具備了三十二種身體的特徵，才得到真正的覺悟，那就錯了。須菩提，千萬不要這樣想，如來不是因為具備了三十二種身體特徵才得到覺悟的。須菩提，如果你這樣想，那麼發無上正等正覺心的人，等於完全捨棄斷滅一切存在的現象。所以不要存有這樣的念頭。為什麼呢？因為發心要證得無上正等正覺的人，對於一切現象是不會全然否定的。」

斷滅：主張眾生死後，一切完全斷滅。

集註

此一分經，總是四章。原佛之意，初則反其辭而語須菩提曰：「汝若作是念，如來以具足相故，得阿耨多羅三藐三菩提。」次則正其辭而謂之曰：「莫作是念，如來不以具足相故，得阿耨多羅三藐三菩提。」如下文亦然。初則反其辭而語須菩提曰：「汝若作是念，發阿耨多羅三藐三菩提心者，說諸法斷滅相。」次則正其辭而謂之曰：「莫作是念，發阿耨多羅三藐三菩提心者，於法不說斷滅相。」世本第一章多誤作如來不以具足相故，新州印六祖註本、南浦陳氏施本，第一章並無「不」字，於理為當。王虛中註本、武夷張公綽施本，並作如來可以具足相故，其理亦通（壽州石本皆有「不」字，經義尤明）。

【王日休曰】諸法斷滅者，謂一切法皆斷之滅之而不用也。相，謂凡夫之相也。佛經所謂相者，凡有者皆謂之相，故晝明則謂之「明相」，夜暗則謂之「暗相」，經所說之法，則謂之「法相」，非佛經所說之法，則謂之「非法相」，所以於此言不用法而斷滅之者，則謂之「斷滅相」也。且法者，固不可以泥，然亦豈可以斷滅之哉。譬如渡水，既渡之後，固不須舟楫，未渡之前，豈可無舟楫耶？是故既悟之後，不須佛法，未悟之前，不可以無佛法。所以發求無上正等正覺真性之心者，必須依佛法修行，不可遂斷滅佛法，而謂不用法，故云汝若作是作是念，發求無上正等正覺真性心者，說諸法斷滅相，不可作是念也。何故不可作是念乎，以發求真性心者，必依佛法以修行，故於法不可斷滅也。何故不可

【顏丙曰】此一卷經，雖然只說無之一字，佛又恐人執著此無，一向沉空滯寂，棄有著無，反成斷滅相。〈何異證道歌〉云：「棄有著空病亦然，還如避溺而投火。」故此一分，專戒人不可斷滅，今人或已悟，或未悟，便以無為極則，誤汝去在。昔張拙秀才參西堂藏禪師，問山河大地，三世諸佛，是有是無？藏答云有。拙云錯。藏云：「先輩曾參見什麼人來？」拙云：「參見徑山來，某甲問徑山，皆言無。」藏云：「待先輩得似徑山時，一切皆無即得。」大凡未見性人，如何便說一切皆無。所以佛告須菩提，「汝莫作是念，如來不以具足相故，得阿耨多羅三藐三菩提。」汝若果作是念發心，即是說諸法斷滅相。何故？凡發無上正等正覺心，不可說斷滅相。

【智者禪師頌曰】相相非有相，具足相無憑，法法生妙法，空空體不同，斷滅不斷滅，知覺悟深宗，若無人我念，方知是至公。

【李文會曰】如來不以具足相故者，佛恐須菩提落斷滅見，是故令離兩邊，然性

含萬法，不自具足，應用遍知，一即一切，一切即一，去來自由，無所罣礙。此法上至諸佛，下至含識，本無欠少，是名具足相也。說諸法斷滅莫作是念者，諸法性空，空即是常，是故不斷不滅，若作念云：「無相而有道心者，是斷一切行，滅一切法，此乖中道也。」又云：「若作有相觀，即是一邊見，若作無相觀，亦是一邊見，若不作有無觀，即見斷滅法。」故知真如法性，不是有，不是無，湛然不動，觀與不觀，皆是生滅，故云莫作是念也。於法不說斷滅相者，見性之人，自當窮究此理，若人空心靜坐，百無所思以為究竟，即著空相，斷滅諸法。

【晁太傅云】諸佛說空法，為治於有故，若復著於空，諸佛所不化，故云大士體空而進德，凡夫說空而退善，當知有為是無為之體，無為是有為之用也。

【川禪師云】剪不齊兮理還亂，拽起頭來割不斷。頌曰：「不如誰解巧安排，捏聚依前又放開，莫謂如來成斷滅，一聲還續一聲來。」

不受不貪分第二十八

「須菩提，若菩薩以滿恆河沙等世界七寶，持用布施。若復有人，知一切法無我，得成於忍，此菩薩勝前菩薩所得功德。

「須菩提，如果有一個菩薩，用可以鋪滿所有恆河沙那麼多世界的金銀財寶來行善布施。而另外有一個人，能夠確實的明白，萬事萬物，沒有不是隨聚隨散的事物，每一樣事物中，都沒有不變的『我』，因此不偏執於自我的看法，那麼這個人所得到的功德福報，更勝於前述以財寶布施之人。

集註

【六祖曰】通達一切法，無能所心，是名為忍，此人所得福德，勝前七寶之福。

【李文會曰】知一切法無我者，一切萬法，本來不生，本來無我相，所得功德，即非七寶布施等福所能比也。得成於忍者，既知人法無我，則二執不生，成無生忍，此乃勝前七寶布施菩薩。夫萬法本來無性，皆因自己之所顯發，且如眼對色謂之見，耳對聲謂之聞，見聞是根，色聲是塵，色聲未對之時，我性常見常聞，未曾暫滅，色聲相對之時，我性未曾暫生，此是菩薩了悟真性，活潑潑地，洞然同於太虛，所以不曾生滅，凡夫即被妄心所覆，隨六塵轉，即有生滅，故塵起即心起，塵滅即心滅，不知所起滅心皆是妄念也。若見六塵起滅不生，即是菩提。

【川禪師云】耳聽如聾，口說如瘂。頌曰：「馬上人因馬上君，有高有下有疏親，一朝馬死人歸去，親者如同陌路人，只是舊時人，改卻舊時行履處。」

何以故？須菩提，以諸菩薩不受福德故。」

為什麼我這樣說呢？須菩提，因為菩薩不會執著於福德或功勞。」

集註

【王日休曰】以諸菩薩不受福德故者，謂菩薩濟度眾生，無非得福，然菩薩不享世間富貴，但積福於虛空而已，故曰不受福德。積於虛空愈久而不已，直至於成佛，故成佛得其福德如天地廣大，所以佛稱兩足尊者，謂福與慧兩者皆足也。

須菩提白佛言：「世尊，云何菩薩不受福德？」「須菩提，菩薩所作福德，不應貪著，是故說不受福德。」

須菩提恭敬的向佛請問，「世尊，為什麼你說菩薩不受福德所沾染，不執著於福德或功勞呢？」「須菩提，菩薩之所以度化眾生，不是因為貪求福德，而是發諸自然的行動而已，這些事情不會在他心中留下痕跡，所以說他不受福德的沾染，不執著於此。」

集註

【王日休曰】菩薩所作福德不應貪著者，謂菩薩本不為作福德而度眾生，其福德自然隨之，如人行日中，本不為日影，而日影自然隨之。若為作福德而度眾生，則是貪著其福德而欲享受也。為其非貪著而享受，是故說不受福德，其言是故者，蓋為不貪之故，所以言不受也。

【李文會曰】不貪世間福德果報，謂之不受。又云：「菩薩所作福德不為自己，止欲利益一切眾生，此是無所住心，即無所貪著，故云不受福德。」

【智者禪師頌曰】布施有為相，三生卻被吞（〈證道歌〉曰：「住相布施生天福，猶如仰箭射虛空，勢力盡，箭還墜，招得來生不如意。」註云：「古德云：『人天福報為三生冤，人罕知之，良因世人因其福力，不明其本，就上增添，以此世福恣情娛樂，臨命終時福盡業在，反墮惡道受種種苦，故云招得來生不如意也。』此頌言布施有為相，三生卻被吞者，其說亦同。三生者，今生、後生、再後生是也。」），七寶多行慧，那知捨六根，但離諸有欲，旋棄愛情恩（六根，乃眼耳鼻舌身意。但能離諸有欲，旋即棄捨愛情之恩。旋，疾也，旋句緣切），若得無貪相，應到法王門。

【川禪師曰】裙無腰，褲無口。頌曰：「似水如雲一夢身，不知此外更何親，箇中不許容他物，今付黃梅路上人（蘄州黃梅縣東，五祖弘忍大師，傳法與六祖慧能）。」

威儀寂靜分第二十九

「須菩提，若有人言：『如來若來、若去、若坐、若臥。』是人不解我所說義。

「須菩提，如果有人說，我走來的時候是我本來的樣子，我離開的時候是我本來的樣子，我安靜坐下的時候是我本來的樣子，我伏臥的時候是我本來的樣子。那麼這個人，不了解我話中所說的意思。

集註

【疏鈔云】佛言「若有人言：如來有來有去、有坐有臥」，即不解佛意也，何故？只如眾生妙性，還有來去坐臥否，眾生亦如是，如來亦如是。行住坐臥四威儀中，常住寂滅，若有動者，即云不解所說義。

何以故？如來者，無所從來，亦無所去，故名如來。」

為什麼這麼說呢？因為所謂的如來，本來就無所來處，也沒有去處，在這裡生成，也在這裡散滅，如一切事物一樣的表現一切事物，並且叫眾生以一切事物本來的樣子去了解事物，這就是如來，是自己本來的樣子。因此，如來才稱之為如來。」

集註

【疏鈔云】如來者，來而無來，去而不去，住而不住，非動非靜，上合諸佛，下等群生一性平等，故號如來。

【王日休曰】此分三言如來，皆謂真性佛也。若有人言如來若來若去，若坐若臥。是人不解我所說義者，真佛無相，故不可以若來若去若坐若臥形容之。若可以形容者，則是有相，故此人不曉解我所說義也。何以故者，佛又自問何故不解我所說義乎，乃自答云：「我所謂如來者，謂真佛也，真佛既無形相，又遍虛空世界，豈有去來哉，故云無所從來，亦無所去。」其言故名如來者，謂真性自如而無所不可，凡其所現，乃隨眾生業緣而來現，其實則遍虛空世界而未嘗有去來，此所以名之曰如來而已。而其言如來者，亦強為之名耳，真性不可以形容故也，詳見第二分與此後分。

【陳雄曰】如來現千百億化身，演真空無相法，如鏡中像，無生滅義，故人不知其何所從來，亦不知其何所從去。《華嚴經》云：「上覺無來處，去亦無所從，清淨妙色身，神力故顯現。」《三昧經》云：「亦無來相，及以去相，不可思議。」六祖云：「諸法空寂，是如來清淨坐。」無住云：「身心常滅，是如來臥處。」然則來去坐臥，又孰得而輕議哉。今有人焉，輒言如來具四威儀，所見謬甚，夫何了得如來所說真空義趣。《圓覺經》著真空之說曰：「雲駛月運，舟行岸移。」蓋謂月未嘗運，岸未嘗移，真如性體，未嘗作止任滅，皆人謬見耳。

【顏丙曰】行住坐臥，謂之四威儀，見性能行持人，所謂行住坐臥，常若虛空，若人言如來尚屬來去坐臥，是人不解會所說義理，何故？如來者，如如本性也，本無動靜，所以無去無來，故假名如來。昔哲宗皇帝詔國一禪師入內道場，師見帝起身，帝曰：「禪師何必見寡人起身？」曰：「檀越何得以四威儀中見貧道？」如此步步行持，謂之寂靜。

【智者禪師頌曰】如來何所來，修因幾劫功，斷除人我見，方用達真宗，見相不求相，身空法亦空，往來無所著，來去盡皆通。

【李文會曰】來無所從，去無所至，來去皆如，其誰來去，又云：「無所從來者，不生，亦無所去者，不滅。」不生者，謂煩惱不生；不滅者，謂覺悟不滅也。又云：「知色聲起時，即知從何而來；知色聲滅時，即知從何而去，故色聲香味觸法自有起滅，我心湛然，豈有來去生滅相耶？」寂而常照，照而常寂，行住坐臥四威儀中，無不清淨也。

【川禪師云】山門頭合掌，佛殿裡燒香。頌曰：「衲捲秋雲去復來，幾回南嶽與天台，寒山拾得相逢笑，且道笑箇什麼？笑道同行步不抬。」

一合理相分第三十

「須菩提，若善男子、善女人，以三千大千世界碎為微塵，於意云何？是微塵眾，寧為多不？」須菩提言：「甚多，世尊。何以故？若是微塵眾實有者，佛即不說是微塵眾。所以者何？佛說微塵眾，即非微塵

眾，是名微塵眾。世尊，如來所說三千大千世界，即非世界，是名世界。

「須菩提，如果這世上有善良的男子或善良的女子，把三千大千世界都搗碎為微塵，你說，這些微塵，數量是不是很多呢？」

須菩提說：「很多，世尊。為什麼呢？因為微塵是聚散之物，如果實際上這些微塵真實存在，佛就不會稱呼它們是『這些微塵』了。為什麼呢？佛說這些微塵其實都不是微塵，就像星辰一樣，並非恆長不滅，所以才姑且給一個假名，以微塵稱呼它們。世尊，如來所說三千大千世界，同樣也並不是真正的世界，所以才姑且稱呼為世界。」

集註

【王日休曰】微塵眾，蓋謂微塵如此之多也。須菩提既答佛言甚多，又呼世尊而自問云：「何以故者？」謂彼微塵眾，何故甚多乎。又自答云：「若是微塵眾實有者，佛即不說是微塵眾。」蓋謂真性為實有，則不可說。而此微塵眾非實有，故佛說之。是其可說，皆為虛妄，唯真性為真實，故不可說。所以佛嘗言不可說不可取者，蓋謂此也。所以者何？乃須菩提自問云：所以微塵眾，若為實有，佛即不說是微塵眾，何也？又自答云：「佛說微塵眾，即非微塵眾，是名微塵眾者。」謂佛所說為微塵眾，即非有真實微塵眾，乃虛名為微塵眾而已。須菩提又呼世尊而言，如來所說三千大千世界，即非世界，是名世界者，謂世界亦非真實，但虛名為世界而已，詳見十三分解，以佛嘗言之，故此稱如來說也。

【李文會曰】微塵者，妄念也。世界者，身之別名也。微塵是因，世界是果，微塵世界者，謂因果也。然自己真性，非因非果，能與六道眾生為因果也。謂自性是因，六道是果，故起微塵起於世界，輪迴由於一念，雖見小善不可執著，雖逢小惡必須除去，且眾生於妄念中起貪瞋癡業，妄受三界夢幻之果，如彼微塵積成世界，不知因果，原是妄心，自作自受，一念悟來，即無微塵，世界何有，故云即非微塵是名微塵，即非世界是名世界。若欲建立世界，一任微塵熾然；若欲除滅世界，覺悟人法俱空，了無一法可得，湛然清淨，不被諸境所轉，皆由於自己也。

【僧了性曰】此分，佛恐末劫人重重執著因果，不相離捨，故重囑須菩提，人人身中，有微細善惡雜念，猶如大千世界微塵之多，此念無非影響虛妄建立，故云非微塵眾，亦因轉卻無明煩惱之心，變作慈悲無礙之智，方入空寂智解，得大安樂，是名微塵眾。

【傅大士云】欲證無生忍，要假離貪瞋，人法知無我，逍遙出六塵。

【川禪師云】若不入水，爭見長人。頌曰：「一塵纔起翳摩空，碎抹三千數莫窮，野老不能收拾得，任教隨雨又隨風。」

何以故？若世界實有者，即是一合相。

這要怎麼說呢，如果真有一個真實存在的世界，也只是眾微塵一時聚合的事物。

一合相：指由眾緣和合而形成的事物。從佛教的觀點來說，世間的一切事物，都只是一合相。

集註

【王日休曰】何以故者，須菩提自問，何故世界非真實乎，乃自答云：「若世界實有者，即是一合相。」一合相，謂真性也，真性遍虛空世界，又無形相，故一而不可分之以為二，合而不可析之以為離，非有相也，強名曰相耳。若以世界為實有，則是真性耳，蓋真性方為實有，何則？自無始以來，常存而無變壞，自然而非假合，一切虛幻者，皆非真性之本，豈非實有乎。而世界烏可以比之哉，以世界亦是假合，劫數盡時，亦有變壞，此所以為虛幻，而不可以為實有，故不可以比真性也。

【李文會曰】微塵謂因，世界謂果，若執因果為實有者，即被相之所縛，故云即是一合相。

【金海光如來曰】世界者，如來自說盧舍那佛住持三千大千世界，身上化生菩提之樹，號蓮花藏世界，不說窒礙世界也。一合相者，一切眾生身中佛性，與盧舍那法身是一合相也。頌曰：「如來有說蓮花藏，負荷三千擐大千，菩薩了空歸一合，凡夫貪著被魔纏。」

如來說一合相，即非一合相，是名一合相。」

而如來所說的一合相，並非實際存在的，所以不是一合相，只是姑且以一合相這個假名稱呼而已。」

集註

【王日休曰】如來說一合相者，須菩提謂佛嘗說真性為一合相也。即非一合相者，謂真性如虛空，然非實有物，如一之而不可二，合之而不可離者也。是名一合相者，謂但強名為一合相而已。凡言即非，皆謂實無也，凡言是名，皆謂虛名也。

【李文會曰】但莫執為實有，亦莫執為實無，於相離相，故云即非一合相，是名一合相也。

「須菩提，一合相者，即是不可說，

「須菩提，這種一時聚合的事物，無法以言語或文字去描繪或形容，也無法加以解釋或說明，

集註

【王日休曰】佛唯曾說真性為一合相，故須菩提於此以為實有，佛乃又呼須菩提而言一合相者，則是不可說，以真性不可言說，但強名為一合相耳。

【李文會曰】即是不可說者，須是學人自省自悟，於理事上各無罣礙，今凡夫一向貪著事相，不達於理，所以說因果著因果，說世界著世界也。

但凡夫之人，貪著其事。」

然而對心念不開的執著之人來說，他們貪戀那個聚合的形相，認為它是不可分也不會變異的存在。」

集註

【王日休曰】佛謂凡夫之人，不知明悟真性，乃貪著真性中所現之事耳，謂色身六根也。凡夫者泥此色身與六根為我，故沉淪六道，無由脫離，此所以為凡夫也。

【華嚴經云】離諸和合相，是名無上覺，佛以覺言，外覺離一切有相，內覺離一切空相，於相而離相，於空而離空，得夫真空無相之妙，所以名其為佛。

【六祖曰】一合相者，眼見色愛色，即與色合，耳聞聲愛聲，即與聲合。至於六塵若散，即是真世界，合即是凡夫，散即非凡夫，凡夫之人，於一切法皆合相。

若菩薩於一切法皆不合而散，何以故？合即繫縛起生滅，散即解脫，亦不生，亦不滅。若有繫縛生滅者，即是凡夫。所以經云：「但凡夫之人，貪著其事。」

【顏丙曰】微塵雖多，未足為多，世界幻成，終無實義。若說實有微塵，實有世界，即是彼此著相，彼既是相，我又著相，兩相兩合，謂一合相。所謂一合相，即是不可說但凡夫未悟，妄生貪著。

【圜悟禪師云】你但上不見有諸佛，下不見有眾生，外不見有山河大地，內不見有見聞覺知，好惡長短，打成一片，一一拈出，更無異見。

【傅大士云】界塵何一異，報應亦同然，非因亦非果，誰後復誰先，事中通一合，理則兩俱捐，欲達無生路，應當識本源。

【逍遙翁云】學道之人，但只了悟靈明之心，是謂本源所有，念念妄想，皆為塵垢，勿令染著，久當證知清淨法身也。

【川禪師云】捏聚放開，兵隨印轉。頌曰：「渾圖成兩片，擘破卻團圓，細嚼莫咬碎，方知滋味全。」

「須菩提，若人言：『佛說我見、人見、眾生見、壽者見。』須菩提，於意云何？是人解我所說義不？」

「不也，世尊。是人不解如來所說義。何以故？世尊說我見、人見、眾生見、壽者見，即非我見、人見、眾生見、壽者見，是名我見、人見、眾生見、壽者見。」

「須菩提，如果有人認為佛主張人我之間的差別，主張生命不變不散、壽命不滅。你覺得呢？這個人真正了解我所說的話嗎？」

「不，世尊，這個人並不理解如來所說的道理。為什麼呢？因為世尊之所以提出自我、旁人、生命和壽命這些名稱，是為了便於讓人理解它們不是真實存在的，所以才姑且給了一個假名，稱之為自我、旁人、生命與壽命。」

集註

【通王如來解曰】佛言此四句等之相，只見其性，不見其相，疊前三遍再說者。是佛分別棄身見性之義也。頌曰：「佛說我見眾生見，為觀其性不觀身，破相取空歸寂滅，脫除枷鎖出迷津。」

【王日休曰】我見者，謂其見識以為實有我也。人見眾生見壽者見者，謂其見識以為實有人有眾生有壽者也。此言無此四者之見識，謂真性中皆無此也。以此四見，非為真實，故云即非我見、人見、眾生見、壽者見，但為虛名而已，故云是名我見、人見、眾生見、壽者見，謂此見非真性中所有，亦為虛妄故也。

【李文會曰】佛說般若金剛之法，始即令諸學人先除粗重四相，如大乘正宗分中說也。次即令見自性之後，復除微細四相，如究竟無我分中說也。此二分中，即皆顯出理中清淨四相，若於自心無求無得，湛然常住，是清淨我見。

【黃蘗禪師云】百種多知，不如無求最第一也。道人是無事人，實無許多般，心無事亦無，又云：「諸學道人，若欲得成佛，一切佛法，總不用學，但學無求無著。無求即心不生，無著即心不滅，不生不滅，便是佛也。」若見自性本自具足，是清淨人見；於自心中本無煩惱可斷，是清淨眾生見；自性無變無異，無生無滅，是清淨壽者見，故云即非我人眾生壽者見，是名我、人、眾生、壽者見也。

「須菩提，發阿耨多羅三藐三菩提心者，於一切法，應如是知、如是見、如是信解，不生法相。須菩提，所言法相者，如來說即非法相，是名法相。」

「須菩提，發願追求無上覺悟的人，對於一切的事物，應該不要用自己習慣於分別的認識能力，去畫分區別事物的形相。須菩提，所謂事物種種的形相，如來說，其實都不是事物真正的形相，事物本身並沒有所謂真正的形相或不形相，那只是姑且稱之的名字而已。」

集註

【顏丙曰】如是二字，可謂親切。若發無上正等正覺心者，於一切法，應當如此知、如此見、如此信解，不必外求法相。然初入道時，不假法相，故無入頭處，既見性了，亦當遠離，不必執著。滅謂得魚忘筌，到岸不須舡之說，所以末後為汝剗卻云：「即非法相，假名法相。」

【智者禪師頌曰】非到真如理，棄我入無為，眾生及壽者，悟見總皆非，若悟菩提道，彼岸更求離，法相與非相，了應如是知。

【李文會曰】發阿耨多羅三藐三菩提心者，應知一切眾生皆有佛性；應見一切眾生，無漏智慧，本自具足；應信一切眾生，靈源真性，無生無滅，若能了悟此意，即是一切智慧，不作有能所心，不存智解相，口說無相法，心悟無相理，常行無相行，故云不生法相，是名法相也。

【川禪師云】飯來開口，睡來闔眼。頌曰：「千尺絲綸直下垂，一波纔動萬波隨，夜靜水寒魚不食，滿船空載月明歸。」

應化非真分第三十二

「須菩提，若有人以滿無量阿僧祇世界七寶，持用布施。若有善男子、善女人，發菩提心者，持於此經，乃至四句偈等，受持讀誦，為人演說，其福勝彼。

「須菩提，如果有人以無法計量的金銀珠寶來行善、供養布施。而另外有善良的男子或善良的女子，發下求無上覺悟的菩薩心，接受這部經典，哪怕只了解其中的四句而已，信奉它、讀誦它，向旁人宣揚這部經典的經義，他們所得到的功德福報，遠遠超過前面所說行善布施的人。

集註

【法常滿如來解曰】緣此經根本，以破相為宗，了空為義，迷性布施，皆不證真，能識四句涅槃之門，演說法身如如不動，觀有為法，同於夢幻，若作此見教化眾生，勝彼所用七寶布施之福也。頌曰：「此經彼相依空寂，勸持四句最為尊，佛斷有為六種錯，齊心歸信涅槃門。」

【王日休曰】無量，在西土亦為數名，梵語阿僧祇，此云無央數，亦為數名，此二者之為數，但積數至多，然後至此，此言無量無央數者，謂無量之無央數，蓋自一無央數，至十無央數，以至百千萬億無央數，然後積而至於無量無央數也。由是言之，則所謂無量阿僧祇世界者，不止如恆河沙數世界而已。發菩提心者，謂發廣大濟度眾生之心也，是以前言恆河沙等世界七寶，此則言無量阿僧祇世界七寶，是尚以彼為少，而此則極言其多者也。以是布施，尚不及受持演說此經得福為多者，以彼則世間福，終有時而盡，況因受福而又作惡乎。此則出世間之福，故其福則有時而盡，第有增長，終無受福作惡之理，此所以勝於彼無量無數也。

【李文會曰】發菩提心者，謂大乘最上乘種性人也。

【老子云】不見可欲，使心不亂，此小乘之力。若見可欲，而心亦不亂，此大乘之力也。

【疏山如禪師云】一波纔動萬波隨，汨沒塵寰幾箇知，突兀須彌橫宇宙，縱橫妙用更誰由。持於此經四句偈等受持讀誦者，七寶有竭，四句無窮，悟達本心，了無所得。持於此經，其福勝前七寶布施之功德也。

云何為人演說？

要怎麼向人解說這部經典呢？

集註

【李文會曰】云何為人演說者，四大色身不解說法聽法，是你面前孤明歷歷，通徹十方底，解說解聽，莫要記他語言，縱饒說得天花亂墜，其心不曾增，便總不說，其心不曾滅，求著轉遠，學者轉疏，惟在默契悟者自知也。

【川禪師云】要說有甚難，只今便請諦聽諦聽。頌曰：「行處坐臥，是非人我，勿喜勿瞋，不離這箇。只這箇，劈面唾，平生肝膽一時傾，四句妙門都說破。」

不取於相，如如不動。

不執著於事物的外在形相，不以為世界是我們的知識和理解所圈定或呈現的樣子，也不以為世界有另外的樣子，解說的同時也是不解說，不解說的同時也是解說，一花一木皆是解說，雖然說了，卻又像從來不曾說過。

集註

【王日休曰】佛自問云，如何為人演說？乃自答云「不取於相，如如不動」者，蓋謂真性。不取於形相，謂無形相也，惟如如不動耳。如如不動者，如者自如之謂，如如則自如之甚也。真性中欲現而為天人，則為天人；欲現而為異類，則為異類。譬如鏡中現影，無所不可，是自如之甚也。而遍虛空世界常住而未嘗動，故曰不動。佛鑑和尚示眾，舉僧問法眼，不取於相如如不動，如何不取於相，見於不動去？法眼云：「日出東方夜落西，其僧有省，若也於此見得，方知道旋風偃岳，本來常靜，江河競注，原自不流，如或未然。不免更為饒舌。天左旋，地右轉，古往今來經幾遍。金烏飛，玉兔走，纔方出海門，又落青山後。江河波渺渺，淮濟浪悠悠，直入滄溟晝夜流。」遂高聲云：「諸禪德，還見如如不動麼。」

【李文會曰】此謂悟達無心無相可取之人，若是有心不取於相，卻是取相。心本是空，相亦是空，人法俱空，有何可取也。

【真淨文禪師云】但無一切心，自然合天道，應用在臨時，莫言妙不妙，如如不動者，學人若謂我知也，學得也，契悟也，解脫也。似此見解，皆是有動心，即是有生滅。若無此心，即一切法皆攝不動，不動即內外皆如，故云如如不動也。

【川禪師云】末後一句，始到牢關，直得三世諸佛，兩目相覷，六代祖師，退身有分，可謂是江河徹凍，水洩不通，極目荊榛，難為措足，到這裡添一絲毫，如眼中著刺，減一絲毫，似肉上剜瘡，非為生斷要津，蓋為識法者恐。雖然恁麼，佛法只如此，便見陸地平沉，豈有燈燈續焰，川上座今日不免向猛虎口中奪食，獰龍頷下爭珠，豁開先聖妙門，後學進身有路，放開一線，又且何妨。語則全彰法體，默則獨露真常，動則隻鶴片雲，靜則安山列嶽，舉一步如象王迴顧，退一步若獅子嚬呻，法王法令當行，便能於法自在。祇如末後一句，又作麼生道，還委悉麼？雲在嶺頭閑不徹，水流澗下太忙生，頌曰：「得優游處且優游，雲自高飛水自流，祇見黑風翻大浪，未聞沉卻釣魚舟。」

何以故？一切有為法，如夢幻泡影，如露亦如電，應作如是觀。」

為什麼這麼說呢？因為一切事物，都是依照人的認識力而呈現的種種相貌，就像是夢境中的情景、就像是海中的幻影、就像是水中的泡沫或陽光下的影子，不可捕捉，但又不是不存在；就像是露水或閃電，光耀燦爛，但瞬間消失。所謂的有和無、實或不實、剎那與永恆，都是取斷相來看的啊。如實的觀照，不取斷相，又哪裡會有這樣的分別呢。」

集註

【王日休曰】何以故者，佛自問何故為人演說，不取於相，如如不動也。佛乃自答云，一切有為法，如夢幻泡影，如露亦如電，應作如是觀者。謂有為法，則有相而動，故如此六者，真性則無相而不動，故異於六者也。所謂法者，謂凡有所為者皆是也。上自天地造化，下至人之所為，皆有為法也。然此稱六如以設教化，則止謂人事耳。佛以無形相而無所為者為真性，故以有形相而一切有為者為偽妄，其言如夢者，謂當時認以為有覺則悟其為無也；如幻者，謂有為法非真實，如幻人以草木化作車馬倉庫之類也；如泡者，謂外像雖有，其中實無；如影者，謂光射則有，光滅則無也；如露者，謂不牢也；如電者，謂不久也。此有為法，應如是以觀看，則悟其為空，乃知真性方為真實，不可以不明悟也。經多言四句偈者，以前四句則言真佛之無形相，此則言有為法之不為真實，此不問其是偈非偈，若於二者之中一有所悟，則非淺淺矣。佛所以言四句偈者，謂不必專於偈，凡可以演說者皆是，況此為言之要者乎。

【僧若訥曰】言一切有為法者，謂眾生界內，遷流造作，皆是虛妄，終有敗壞，如夢幻等，畢竟不實當作如是觀，豈為生死流動耶？

【陳雄曰】佛所謂一切法者，真空無相法也。故一切賢聖皆以無為法曰有為法，則夢幻泡影露電之如，不其妄乎，惟了真空無相者，能作是觀，以悟六如之妄，則必離六如以證如如不動之理，優波離尊者語阿難曰：「諸有為法，並是無常。」想夫觀六如而得是句。

【顏丙曰】四句偈者，乃此經之眼目，雖經八百手註解，未聞有示指下落處，人多不悟自己分上四句，卻區區向紙上尋覓，縱饒尋得，亦只是死句，非活句也。活句者，直下便是雖然如此，也須親見始得。佛眼云：「千說萬說，不如親見一面。」縱不說亦自分明，要須返己自參，切不可騎牛覓牛也。若人將七寶無量布施，不如發菩提心，受持自己四句，為人開演解說使一切眾生，皆得見性成佛。其福勝彼，云何為人演說，不取著於相，如如不動，湛若太虛。何以故？蓋世間一切有為之法，如夢寐之非真，如燈幻之眩惑，如水泡之暫時，如人影之易滅，如朝露之易消，如閃電之倏忽，應作如是觀者，應立如此見性之法。

【僧微師曰】如夢幻泡影，如露亦如電，令行人了萬法如夜夢睡時似有，覺了全無；萬法迷無似有，悟得全無，故觀如夢，《淨名》云：「是身如夢，為虛妄見。」幻者，幻術也，結巾成兔，結草為馬，本無實體；萬法緣生妄有，本無自體故如幻，《淨名》云：「是身如幻，從顛倒起。」泡者，風擊水成泡豈有久住，觀萬法似浮漚不實，《淨名》云：「是身如泡，不得久立。」影者，水中月影，光射物影，全體虛假亦然，故如影，《淨名》云：「是身如影，從業緣現。」露者，晨朝濕露也，暫有即無，觀萬法亦然。電者，閃電也，忽有忽無，念念無常，觀萬法亦如電光，剎那生滅故如電，《淨名》云：「是身如電，念念不住。」（《維摩詰經》註云：「維摩詰，秦言淨名。」）。

【李文會曰】一切有為法者，生老病死，貧富貴賤，士農工商，赤白青黃，馨香臭穢，有無虛實，深淺高低，皆是妄心起滅有為之法也。如夢幻泡影，如露亦如電者，一切有為之法即是，世間萬事皆如夢幻泡影，不得久長。夢者，妄想也；幻者，幻化也；泡者，如水上之泡，易生易滅也；影者，如身之影，無所捉撮也；露者，霧露之露，不得久停也；電者，雷電之電，頃刻之光也。

【傅大士頌曰】如星翳燈幻，皆為喻無常（王曰：「如星者，謂暗時則現，明時則無，喻眾生則暗，故有此有為法若明悟則無也；如翳者謂眾生自有光明於內，乃為自為法所蔽，如眵翳障目之光明也；如燈者，謂暗時則用，明時則不用。喻眾生明暗，故用有為法，明悟則不用也，幻註在前。」），漏識修因果，誰言得久長，危脆同泡露，如雲影電光（王曰：「如雲影者，謂聚散不常也電註在前。」），饒經八萬劫，終是落空亡（《楞嚴經》云：「有十種仙，皆於人中煉心，不修正覺，別得生理，壽千萬歲，妄想流轉，一修三昧，報盡還來，散入諸趣。」學者觀此十仙之始末，則傅頌所謂饒經八萬劫，終是落空亡者，亦可默喻矣）。應作如是觀者，有為無為皆由自己，心常空寂，湛然清淨，無纖毫停留罣礙，自然無心，如如不動應作如是觀也。

【僧問雲門大師云】如何是佛？門云：「乾屎撅。」太平古禪師為作頌曰：「我佛如來乾屎撅，隨機平等遍塵寰，迷頭認影區區者，目對慈顏似等閑。」

【蟾首座問洞山云】佛真法身，猶若虛空，應物現形，如水中月，作麼生是應底道理？洞云：「如驢覷井。」蟾云：「恁麼則正是迷頭認影。」洞云：「首座又作麼生？」蟾云：「何不道似井覷驢也，還會麼？若教有意千般境，纔覺無心萬事休。」

【川禪師云】行船盡在把梢人。頌曰：「水中捉月，鏡裡尋頭，刻舟求劍，騎牛覓牛，空華陽燄，夢幻浮漚，一筆勾斷，要休便休，巴歌社酒村田樂，不風流處也風流。」

佛說是經已，長老須菩提及諸比丘、比丘尼、優婆塞、優婆夷，一切世間天、人、阿修羅，聞佛所說，皆大歡喜，信受奉行。

佛說完了這部經典，在場的須菩提長老和眾多出家修行的男女修行者、在家修行的男女居士，世間的一切人與天上地下的神鬼們，在聽聞佛所說後，深深感受領會，內心充滿了歡喜之情，信受其言，恭敬奉行如來所說的法。

集註

【顏丙曰】僧謂之比丘，師姑謂之比丘尼，居士謂之優婆塞，道姑謂之優婆夷，一切世間之人，及天上之人、阿修羅神，乃六道中之三道也，聞佛所說此經，皆生大歡喜心，信而承受，尊奉行持佛教。

【李文會曰】夫至理無言，真空無相，謂都寂默也。但不著言說，不著知解，即是無言無相，《金剛經》之旨趣，本謂此也。是以旋立旋破，止要諸人乃至無有少法可得，即不被一切諸境所惑，若得心地休歇，即謂之清淨心，亦謂之本來心，亦謂之到彼岸，亦謂之涅槃，亦謂之解脫，其實一也。

【四祖問三祖云】如何是古佛心？祖云：「汝今是什麼心？」四祖云：「我今無心。」三祖云：「汝既無心，諸佛豈有耶？」即於言下省悟，此是學人標致。

【法華經云】資生業等，皆順正法。

【張無盡云】傅大士，龐居士，豈無妻子哉？若也身處塵勞，心常清淨，便能轉識為智，猶如握土成金，一切煩惱，皆是菩提，一切世法，皆是佛法，若能如是，即為在家菩薩，了事凡夫，豈不韙歟，上根之人，一聞千悟，得大總持，又何假如許開示耶？論語所謂學而時習之，不亦悅乎。

【法華經云】其不習學者，不能曉了此。

【逍遙翁曰】人天路上，以福為先；生死海中，修道為急。若欲快樂人天而不植福，出離生死而不明道，是猶鳥無翼而欲飛，木無根而欲茂，奚可得哉！又云：「夫英雄之士，圖王不成，猶得為霸；馳騁之人，逐鹿不成，尚能得兔；學大乘者，設使未成，猶勝人天之福。」

【古德頌曰】歷劫相隨心作身，幾回出沒幾因循，此身不向今生度，更向何時度此身，幸冀勉旃，莫教當面蹉過。

【川禪師云】三十年後，莫教忘卻老僧，不知誰是知恩者？呵呵，將謂無人。頌曰：「飢得食，渴得漿，病得差，熱得涼，貧人遇寶，嬰子見娘，飄舟到岸，孤客還鄉，旱逢甘雨，國有忠良，四夷拱手，八表來降，頭頭總是，物物全彰，古今凡聖，地獄天堂，東西南北，不用思量，剎塵沙界諸群品，盡入金剛大道場。」

附錄：《金剛經》中英對照

金剛般若波羅蜜經

THE VAGRAKKHEDIKÂ
OR
DIAMOND-CUTTER.

E.B. Cowell
F. Max Mūllller
J. Takakusu

法會因由分第一

如是我聞，

Thus it was heard by me:

一時，佛在舍衛國祇樹給孤獨園，與大比丘眾千二百五十人俱。

At one time Bhagavat (the blessed Buddha) dwelt in Srâvastî, in the grove of Geta, in the garden of Anâthapindada, together with a large company of Bhikshus (mendicants), viz. with 1250 Bhikshus, with many noble-minded Bodhisattvas.

爾時，世尊食時，著衣持缽，入舍衛大城乞食。

Then Bhagavat having in the forenoon put on his undergarment, and having taken his bowl and cloak, entered the great city of Srâvastî to collect alms.

於其城中，次第乞已，還至本處。飯食訖，收衣缽，洗足已，敷座而坐。

Then Bhagavat, after he had gone to the great city of Srâvastî to collect alms, performed the act of eating, and having returned from his round in the afternoon, he put away his bowl and cloak, washed his feet, and sat down on the seat intended for him, crossing his legs, holding his body upright, and turning his reflection upon himself. Then many Bhikshus approached to where Bhagavat was, saluted his feet with their heads, turned three times round.

善現啓請分第二

時，長老須菩提在大眾中即從座起，偏袒右肩，右膝著地，合掌恭敬而白佛言：

At that time again the venerable Subhûti came to that assembly and sat down. Then rising from his seat and putting his robe over one shoulder, kneeling on the earth with his right knee, he stretched out his folded hands towards Bhagavat and said to him:

「希有，世尊。如來善護念諸菩薩，

'It is wonderful, O Bhagavat, it is exceedingly wonderful, O Sugata, how much the noble-minded Bodhisattvas have been favoured with the highest favour by the Tathâgata, the holy and fully enlightened!

善付囑諸菩薩。

It is wonderful how much the noble-minded Bodhisattvas have

been instructed with the highest instruction by the Tathâgata, the holy and fully enlightened!

世尊，善男子、善女人，發阿耨多羅三藐三菩提心，應云何住？云何降伏其心？」

How then, O Bhagavat, should the son or the daughter of a good family, after having entered on the path of the Bodhisattvas, behave, how should he advance, and how should he restrain his thoughts?'

佛言：「善哉，善哉。須菩提，如汝所說：如來善護念諸菩薩，善付囑諸菩薩，

After the venerable Subhûti had thus spoken, Bhagavat said to him: 'Well said, well said, Subhûti! So it is, Subhûti, so it is, as you say. The noble-minded Bodhisattvas have been favoured with the highest favour by the Tathâgata, the noble-minded Bodhisattvas have been instructed with the highest instruction by the Tathâgata.

汝今諦聽，當為汝說。善男子、善女人，發阿耨多羅三藐三菩提心，應如是住，如是降伏其心。」

Therefore, O Subhûti, listen and take it to heart, well and rightly. I shall tell you, how any one who has entered on the path of Bodhisattvas should behave, how he should advance, and how he should restrain his thoughts.'

「唯然，世尊。願樂欲聞。」

Then the venerable Subhûti answered the Bhagavat and said: 'So be it, O Bhagavat.'

大乘正宗分第三

佛告須菩提：「諸菩薩摩訶薩，應如是降伏其心：

Then the Bhagavat thus spoke to him: 'Any one, O Subhûti, who has entered here on the path of the Bodhisattvas must thus frame his thought:

所有一切眾生之類，若卵生、若胎生、若濕生、若化生；若有色、若無色；若有想、若無想、若非有想非無想，

As many beings as there are in this world of beings, comprehended under the term of beings (either born of eggs, or from the womb, or from moisture, or miraculously), with form or without form, with name or without name, or neither with nor without name, as far as any known world of beings is known,

我皆令入無餘涅槃而滅度之。

all these must be delivered by me in the perfect world of Nirvâna.

如是滅度無量無數無邊眾生，實無眾生得滅度者。

And yet, after I have thus delivered immeasurable beings, not one single being has been delivered.

何以故？須菩提，若菩薩有我相、人相、眾生相、壽者相，即非菩薩。」

And why? If, O Subhûti, a Bodhisattva had any idea of (belief in) a being, he could not be called a Bodhisattva (one who is fit to become a Buddha). And why? Because, O Subhûti, no one is to be called a Bodhisattva, for whom there should exist the idea of a being, the idea of a living being, or the idea of a person.'

妙行無住分第四

「復次，須菩提，菩薩於法，應無所住，行於布施。

'And again, O Subhûti, a gift should not be given by a Bodhisattva, while he believes in objects; a gift should not be given by him, while he believes in anything;

所謂不住色布施，不住聲、香、味、觸、法布施。

a gift should not be given by him, while he believes in form; a gift should not be given by him, while he believes in the special qualities of sound, smell, taste, and touch.

須菩提，菩薩應如是布施，不住於相。

For thus, O Subhûti, should a gift be given by a noble-minded Bodhisattva, that he should not believe even in the idea of cause.

何以故？若菩薩不住相布施，其福德不可思量。」

And why? Because that Bodhisattva, O Subhûti, who gives a gift, without believing in anything, the measure of his stock of merit is not easy to learn.'

「須菩提，於意云何？東方虛空可思量不？」

'What do you think, O Subhûti, is it easy to learn the measure of space in the eastern quarter?'

「不也，世尊。」

Subhûti said: 'Not indeed, O Bhagavat.'

「須菩提，南西北方、四維、上下虛空可思量不？」

Bhagavat said: 'In like manner, is it easy to learn the measure of space in the southern, western, northern quarters, below and above (nadir and zenith), in quarters and subquarters, in the ten quarters all round?'

「不也，世尊。」

Subhûti said: 'Not indeed, O Bhagavat.'

「須菩提，菩薩無住相布施，福德亦復如是不可思量。

Bhagavat said: 'In the same manner, O Subhûti, the measure of the stock of merit of a Bodhisattva, who gives a gift without believing in anything, is not easy to learn. And thus indeed,

須菩提，菩薩但應如所教住。」

O Subhûti, should one who has entered on the path of Bodhisattvas give a gift, that he should not believe even in the idea of cause.'

如理實見分第五

「須菩提，於意云何？可以身相見如來不？」

'Now, what do you think, O Subhûti, should a Tathâgata be seen (known) by the possession of signs?'

「不也，世尊！不可以身相得見如來。

Subhûti said: 'Not indeed, O Bhagavat, a Tathâgata is not to be seen (known) by the possession of signs.

何以故？如來所說身相，即非身相。」

And why? Because what has been preached by the Tathâgata as the possession of signs, that is indeed the possession of no-signs.'

佛告須菩提：「凡所有相皆是虛妄，若見諸相非相，則見如來。」

After this, Bhagavat spoke thus to the venerable Subhûti: 'Wherever there is, O Subhûti, the possession of signs, there is falsehood; wherever there is no possession of signs, there is no falsehood. Hence the Tathâgata is to be seen (known) from no-signs as signs.'

正信希有分第六

須菩提白佛言：「世尊，頗有眾生，得聞如是言說章句，生實信不？」

After this, the venerable Subhûti spoke thus to the Bhagavat: 'Forsooth, O Bhagavat, will there be any beings in the future, in the last time, in the last moment, in the last 500 years, during the time of the decay of the good Law, who, when these very words of the Sûtras are being preached, will frame a true idea?'

佛告須菩提：「莫作是說。

The Bhagavat said: 'Do not speak thus, Subhûti. Yes, there will be some beings in the future,

如來滅後，後五百歲，有持戒修福者，於此章句能生信心，以此為實。

in the last time, in the last moment, in the last 500 years, during the decay of the good Law, who will frame a true idea when these very words are being preached.

當知是人不於一佛二佛三四五佛而種善根，

'And again, O Subhûti, there will be noble-minded Bodhisattvas, in the future, in the last time, in the last moment, in the last 500 years, during the decay of the good Law, there will be strong and good and wise beings, who, when these very words of the Sûtras are being preached, will frame a true idea. But those noble-minded Bodhisattvas, O Subhûti, will not have served one Buddha only, and the stock of their merit will not have been accumulated under one Buddha only;

已於無量千萬佛所種諸善根，聞是章句，乃至一念生淨信者，

on the contrary, O Subhûti, those noble-minded Bodhisattvas will have served many hundred thousands of Buddhas, and the stock of their merit will have been accumulated under many hundred thousands of Buddhas; and they, when these very words of the Sûtras are being preached, will obtain one and the same faith.

須菩提，如來悉知悉見，

They are known, O Subhûti, by the Tathâgata through his Buddha-knowledge; they are seen, O Subhûti, by the Tathâgata through his Buddha-eye; they are understood, O Subhûti, by the Tathâgata.

是諸眾生得如是無量福德。

All these, O Subhûti, will produce and will hold fast an immeasurable and innumerable stock of merit.

何以故？是諸眾生，無復我相、人相、眾生相、壽者相，無法相，亦無非法相。

And why? Because, O Subhûti, there does not exist in those noble-minded Bodhisattvas the idea of self, there does not exist the idea of a being, the idea of a living being, the idea of a person. Nor does there exist, O Subhûti, for these noble-minded Bodhisattvas the idea of quality (dharma), nor of no-quality. Neither does there exist, O Subhûti, any idea (samgñâ) or no-idea.

何以故？是諸眾生，若心取相，則為著我、人、眾生、壽者；若取法相，即著我、人、眾生、壽者。

And why? Because, O Subhûti, if there existed for these noble-minded Bodhisattvas the idea of quality, then they would believe in a self, they would believe in a being, they would believe in a living being, they would believe in a person. And if there existed for them the idea of no-quality, even then they would believe in a self, they would believe in a being, they would believe in a living being, they would believe in a person.

何以故？若取非法相，即著我、人、眾生、壽者。是故不應取法，不應取非法。

And why? Because, O Subhûti, neither quality nor no-quality is to be accepted by a noble-minded Bodhisattva.

以是義故，如來常說：『汝等比丘，知我說法，如筏喻者，法尚應捨，何況非法。』」

Therefore this hidden saying has been preached by the Tathâgata: "By those who know the teaching of the Law, as like unto a raft, all qualities indeed must be abandoned; much more no-qualities." '

無得無說分第七

「須菩提，於意云何？如來得阿耨多羅三藐三菩提耶？如來有所說法耶？」

And again Bhagavat spoke thus to the venerable Subhûti: 'What do you think, O Subhûti, is there anything (dharma) that was known by the Tathâgata under the name of the highest perfect knowledge, or anything that was taught by the Tathâgata?'

須菩提言：「如我解佛所說義，無有定法，名阿耨多羅三藐三菩提，亦無有定法，如來可說。

After these words, the venerable Subhûti spoke thus to Bhagavat: 'As I, O Bhagavat, understand the meaning of the preaching of the Bhagavat, there is nothing that was known by the Tathâgata under the name of the highest perfect knowledge, nor is there anything that is taught by the Tathâgata.

何以故？如來所說法，皆不可取，不可說，非法非非法。所以者何？一切賢聖，皆以無為法而有差別。」

And why? Because that thing which was known or taught by the Tathâgata is incomprehensible and inexpressible. It is neither a thing nor no-thing. And why? Because the holy persons are of imperfect power.'

依法出生分第八

「須菩提，於意云何？若人滿三千大千世界七寶，以用布施，是人所得福德，寧為多不？」

Bhagavat said: 'What do you think, O Subhûti, if a son or daughter of a good family filled this sphere of a million millions of worlds with the seven gems or treasures, and gave it as a gift to the holy and enlightened Tathâgatas, would that son or daughter of a good family on the strength of this produce a large stock of merit?'

須菩提言：「甚多，世尊。

Subhûti said: 'Yes, O Bhagavat, yes, O Sugata, that son or daughter of a good family would on the strength of this produce a large stock of merit.

何以故？是福德即非福德性，是故如來說福德多。」

And why? Because, O Bhagavat, what was preached by the Tathâgata as the stock of merit, that was preached by the Tathâgata as no-stock of merit. Therefore the Tathâgata preaches: "A stock of merit, a stock of merit indeed!"'

「若復有人，於此經中受持，乃至四句偈等，為他人說，其福勝彼。

Bhagavat said: 'And if, O Subhûti, the son or daughter of a good family should fill this sphere of a million millions of worlds with the seven treasures and should give it as a gift to the holy and enlightened Tathâgatas, and if another after taking from this treatise of the Law one Gâthâ of four lines only should fully teach others and explain it, he indeed would on the strength of this produce a larger stock of merit immeasurable and innumerable.

何以故？須菩提，一切諸佛，及諸佛阿耨多羅三藐三菩提法，皆從此經出。

And why? Because, O Subhûti, the highest perfect knowledge of the holy and enlightened Tathâgatas is produced from it; the blessed Buddhas are produced from it.

須菩提，所謂佛法者即非佛法。」

And why? Because, O Subhûti, when the Tathâgata preached:"The qualities of Buddha, the qualities of Buddha indeed!" they were preached by him as no-qualities of Buddha. Therefore they are called the qualities of Buddha.'

一相無分第九

「須菩提，於意云何？須陀洹能作是念：『我得須陀洹果』不？」

Bhagavat said: 'Now, what do you think, O Subhûti, does a Srota-âpanna think in this wise: The fruit of Srota-âpatti has been obtained by me?'

須菩提言：「不也，世尊。

Subhûti said: 'Not indeed, O Bhagavat, a Srota-âpanna does not think in this wise: The fruit of Srota-âpatti has been obtained by me.

何以故？須陀洹名為入流，而無所入，

And why? Because, O Bhagavat, he has not obtained any particular state (dharma). Therefore he is called a Srota-âpanna.

不入色、聲、香、味、觸、法，是名須陀洹。」

He has not obtained any form, nor sounds, nor smells, nor tastes, nor things that can be touched. Therefore he is called a Srota-âpanna. If, O Bhagavat, a Srota-âpanna were to think in this wise: The fruit of Srota-âpatti has been obtained by me, he would believe in a self, he would believe in a being, he would believe in a living being, he would believe in a person.'

「須菩提，於意云何？斯陀含能作是念：『我得斯陀含果』不？」

須菩提言：「不也，世尊。

Bhagavat said: 'What do you think, O Subhûti, does a Sakridâgâmin think in this wise: The fruit of a Sakridâgâmin has been obtained by me?'

Subhûti said: 'Not indeed, O Bhagavat, a Sakridâgâmin does not think in this wise: The fruit of a Sakridâgâmin has been obtained by me.

何以故？斯陀含名一往來，而實無往來，是名斯陀含。」

And why? Because he is not an individual being (dharma), who has obtained the state of a Sakridâgâmin. Therefore he is called a Sakridâgâmin.'

「須菩提，於意云何？阿那含能作是念：『我得阿那含果』不？」

須菩提言：「不也，世尊。何以故？阿那含名為不來，而實無不來，是故名阿那含。」

Bhagavat said: 'What do you think, O Subhûti, does an Anâgâmin think in this wise: The fruit of an Anâgâmin has been obtained by me?'

Subhûti said: 'Not indeed, O Bhagavat, an Anâgâmin does not think in this wise: The fruit of an Anâgâmin has been obtained by me. And why? Because he is not an individual being, who has obtained the state of an Anâgâmin. Therefore he is called an Anâgâmin.'

「須菩提，於意云何？阿羅漢能作是念：『我得阿羅漢道』不？」

須菩提言：「不也，世尊。何以故？實無有法名阿羅漢。

Bhagavat said: 'What do you think, O Subhûti, does an Arhat think in this wise: The fruit of an Arhat has been obtained by me?'

Subhûti said: 'Not indeed, O Bhagavat, an Arhat does not think in this wise: The fruit of an Arhat has been obtained by me. And why? Because he is not an individual being, who is called an Arhat. Therefore he is called an Arhat.

世尊，若阿羅漢作是念：『我得阿羅漢道。』即為著我、人、眾生、壽者。

And if, O Bhagavat, an Arhat were to think in this wise: The state of an Arhat has been obtained by me, he would believe in a self, he would believe in a being, he would believe in a living being, he would believe in a person.

世尊！佛說我得無諍三昧，人中最為第一，是第一離欲阿羅漢。

And why? I have been pointed out, O Bhagavat, by the holy and fully enlightened Tathâgata, as the foremost of those who dwell in virtue. I, O Bhagavat, am an Arhat, freed from passion.

世尊，我不作是念：『我是離欲阿羅漢。』

And yet, O Bhagavat, I do not think in this wise: I am an Arhat, I am freed from passion.

世尊，我若作是念：『我得阿羅漢道。』世尊則不說須菩提是樂阿蘭那行者。以須菩提實無所行，而名須菩提，是樂阿蘭那行。」

If, O Bhagavat, I should think in this wise, that the state of an Arhat has been obtained by me, then the Tathâgata would not have truly prophesied of me, saying: "Subhûti, the son of a good family, the foremost of those dwelling in virtue, does not dwell anywhere, and therefore he is called a dweller in virtue, a dweller in virtue indeed!"'

莊嚴淨土分第十

佛告須菩提：「於意云何？如來昔在然燈佛所，於法有所得不？」

Bhagavat said: 'What do you think, O Subhûti, is there anything (dharma) which the Tathâgata has adopted from the Tathâgata Dîpankara, the holy and fully enlightened?'

「不也，世尊。如來在然燈佛所，於法實無所得。」

Subhûti said: 'Not indeed, O Bhagavat; there is not anything which the Tathâgata has adopted from the Tathâgata Dîpankara, the holy and fully enlightened.'

「須菩提，於意云何？菩薩莊嚴佛土不？」
「不也，世尊。

Bhagavat said: 'If, O Subhûti, a Bodhisattva should say: "I shall create numbers of worlds," he would say what is untrue.

何以故？莊嚴佛土者，即非莊嚴，是名莊嚴。」

And why? Because, O Subhûti, when the Tathâgata preached: Numbers of worlds, numbers of worlds indeed! they were preached by him as no-numbers. Therefore they are called numbers of worlds.

「是故須菩提，諸菩薩摩訶薩，應如是生清淨心，不應住色生心，不應住聲、香、味、觸、法生心，應無所住，而生其心。

'Therefore, O Subhûti, a noble-minded Bodhisattva should in this wise frame an independent mind, which is to be framed as a mind not believing in anything, not believing in form, not believing in sound, smell, taste, and anything that can be touched.

須菩提，譬如有人，身如須彌山王，於意云何？是身為大不？」

Now, for instance, O Subhûti, a man might have a body and a large body, so that his size should be as large as the king of mountains, Sumeru. Do you think then, O Subhûti, that his selfhood (he himself) would be large?'

須菩提言：「甚大，世尊。何以故？佛說非身，是名大身。」

Subhûti said: 'Yes, O Bhagavat, yes, O Sugata, his selfhood would be large. And why? Because, O Bhagavat, when the Tathâgata preached: "Selfhood, selfhood indeed!" it was preached by him as no-selfhood. Therefore it is called selfhood.'

無爲福勝分第十一

「須菩提，如恆河中所有沙數，如是沙等恆河，於意云何？是諸恆河沙寧為多不？」

Bhagavat said: 'What do you think, O Subhûti, if there were as many Gangâ rivers as there are grains of sand in the large river Gangâ, would the grains of sand be many?'

須菩提言：「甚多，世尊。但諸恆河尚多無數，何況其沙。」

Subhûti said: 'Those Gangâ rivers would indeed be many, much more the grains of sand in those Gangâ rivers.'

「須菩提，我今實言告汝，若有善男子、善女人，以七寶滿爾所恆河沙數三千大千世界，以用布施，得福多不？」

Bhagavat said: 'I tell you, O Subhûti, I announce to you, If a woman or man were to fill with the seven treasures as many worlds as there would be grains of sand in those Gangâ rivers and present them as a gift to the holy and fully enlightened Tathâgatas--What do you think, O Subhûti, would that woman or man on the strength of this produce a large stock of merit?'

須菩提言：「甚多，世尊。」

Subhûti said: 'Yes, O Bhagavat, yes, O Sugata, that woman or man would on the strength of this produce a large stock of merit, immeasurable and innumerable.'

佛告須菩提：「若善男子、善女人，於此經中，乃至受持四句偈等，為他人說，而此福德勝前福德。」

Bhagavat said: 'And if, O Subhûti, a woman or man having filled so many worlds with the seven treasures should give them as a gift to the holy and enlightened Tathâgatas, and if another son or daughter of a good family, after taking from this treatise of the Law one Gâthâ of four lines only, should fully teach others and explain it, he, indeed, would on the strength of this produce a larger stock of merit, immeasurable and innumerable.'

尊重正教分第十二

「復次，須菩提，隨說是經，乃至四句偈等，當知此處，一切世間天、人、阿修羅，皆應供養，如佛塔廟，

'Then again, O Subhûti, that part of the world in which, after taking from this treatise of the Law one Gâthâ of four lines only, it should be preached or explained, would be like a Kaitya (holy shrine) for the whole world of gods, men, and spirits;

何況有人盡能受持、讀誦。

what should we say then of those who learn the whole of this treatise of the Law to the end, who repeat it, understand it, and fully explain it to others?

須菩提，當知是人，成就最上第一希有之法。
They, O Subhûti, will be endowed with the highest wonder.

若是經典所在之處，則為有佛，若尊重弟子。」
And in that place, O Subhûti, there dwells the teacher, or one after another holding the place of the wise preceptor.'

如法受持分第十三

爾時，須菩提白佛言：「世尊，當何名此經？我等云何奉持？」
After these words, the venerable Subhûti spoke thus to Bhagavat: 'O Bhagavat, how is this treatise of the Law called, and how can I learn it?'

佛告須菩提：「是經名為《金剛般若波羅蜜》，以是名字，汝當奉持。
After this, Bhagavat spoke thus to the venerable Subhûti: 'This treatise of the Law, O Subhûti, is called the Pragñâ-pâramitâ (Transcendent wisdom), and you should learn it by that name.

所以者何？須菩提，佛說般若波羅蜜，即非般若波羅蜜，是名般若波羅蜜。
And why? Because, O Subhûti, what was preached by the Tathâgata as the Pragñâ-pâramitâ, that was preached by the Tathâgata as no-Pâramitâ. Therefore it is called the Pragñâ-pâramitâ.

須菩提，於意云何？如來有所說法不？」
須菩提白佛言：「世尊，如來無所說。」

'Then, what do you think, O Subhûti, is there anything (dharma) that was preached by the Tathâgata?'
Subhûti said: 'Not indeed, O Bhagvat, there is not anything that was preached by the Tathâgata.'

「須菩提，於意云何？三千大千世界所有微塵，是為多不？」

Bhagavat said. 'What do you think then, O Subhûti,--the dust of the earth which is found in this sphere of a million millions of worlds, is that much?'

須菩提言：「甚多，世尊！」
「須菩提，諸微塵，如來說非微塵，是名微塵。

Subhûti said: 'Yes, O Bhagavat, yes, O Sugata, that dust of the earth would be much. And why? Because, O Bhagavat, what was preached by the Tathâgata as the dust of the earth, that was preached by the Tathâgata as no-dust. Therefore it is called the dust of the earth.

如來說世界非世界，是名世界。

And what was preached by the Tathâgata as the sphere of worlds, that was preached by the Tathâgata as no-sphere. Therefore it is called the sphere of worlds. '

須菩提，於意云何？可以三十二相見如來不？」

Bhagavat said: 'What do you think, O Subhûti, is a holy and fully enlightened Tathâgata to be seen (known) by the thirty-two signs of a hero?'

「不也，世尊。不可以三十二相得見如來。

Subhûti said: 'No indeed, O Bhagavat; a holy and fully enlightened Tathâgata is not to be seen (known) by the thirty-two signs of a hero.

何以故？如來說三十二相，即是非相，是名三十二相。」

And why? Because what was preached by the Tathâgata as the thirty-two signs of a hero, that was preached by the Tathâgata as no-signs. Therefore they are called the thirty-two signs of a hero.'

「須菩提，若有善男子、善女人，以恆河沙等身命布施，若復有人，於此經中，乃至受持四句偈等，為他人說，其福甚多。」

Bhagavat said: 'If, O Subhûti, a woman or man should day by day sacrifice his life (selfhood) as many times as there are grains of sand in the river Gangâ, and if he should thus sacrifice his life for as many kalpas as there are grains of sand in the river Gangâ, and if another man, after taking from this treatise of the Law one Gâthâ of four lines only, should fully teach others and explain it, he indeed would on the strength of this produce a larger stock of merit, immeasurable and innumerable.'

離相寂滅分第十四

爾時，須菩提聞說是經，深解義趣，涕淚悲泣，而白佛言：

At that time, the venerable Subhûti was moved by the power of the Law, shed tears, and having wiped his tears, he thus spoke to Bhagavat:

「希有，世尊。佛說如是甚深經典，我從昔來所得慧眼，未曾得聞如是之經。

'It is wonderful, O Bhagavat, it is exceedingly wonderful, O Sugata, how fully this teaching of the Law has been preached by the Tathâgata for the benefit of those beings who entered on the foremost path (the path that leads to Nirvâna), and who entered on the best path, from whence, O Bhagavat, knowledge has been produced in me.

世尊，若復有人得聞是經，信心清淨，即生實相，當知是人成就第一希有功德。

Never indeed, O Bhagavat, has such a teaching of the Law been heard by me before. Those Bodhisattvas, O Bhagavat, will be endowed with the highest wonder, who when this Sûtra is being preached hear it and will frame to themselves a true idea.

世尊，是實相者，即是非相，是故如來說名實相。

And why? Because what is a true idea is not a true idea. Therefore the Tathâgata preaches: "A true idea, a true idea indeed!"

世尊，我今得聞如是經典，信解受持不足為難，

'It is no wonder to me, O Bhagavat, that I accept and believe this treatise of the Law, which has been preached. And those beings also, O Bhagavat,

若當來世後五百歲，其有眾生，得聞是經，信解受持，是人即為第一希有。

who will exist in the future, in the last time, in the last moment, in the last 500 years, during the time of the decay of the good

Law, who will learn this treatise of the Law, O Bhagavat, remember it, recite it, understand it, and fully explain it to others, they will indeed be endowed with the highest wonder.

何以故？此人無我相、無人相、無眾生相、無壽者相。

'But, O Bhagavat, there will not arise in them any idea of a self, any idea of a being, of a living being, or a person, nor does there exist for them any idea or no-idea.

所以者何？我相即是非相，人相、眾生相、壽者相即是非相。

And why? Because, O Bhagavat, the idea of a self is no-idea, and the idea of a being, or a living being, or a person is no-idea.

何以故？離一切諸相，即名諸佛。」

And why? Because the blessed Buddhas are freed from all ideas.'

佛告須菩提：「如是，如是。若復有人，得聞是經，不驚不怖不畏，當知是人甚為希有。

After these words, Bhagavat thus spoke to the venerable Subhûti: 'So it is, O Subhûti, so it is. Those beings, O Subhûti, who when this Sûtra was being recited here will not be disturbed or frightened or become alarmed, will be endowed with the highest wonder.

何以故？須菩提，如來說第一波羅蜜，即非第一波羅蜜，是名第一波羅蜜。

And why? Because, O Subhûti, this was preached by the Tathâgata, as the Paramapâramitâ, which is no-Pâramitâ. And,

O Subhûti, what the Tathâgata preaches as the Paramapâramitâ, that was preached also by immeasurable blessed Buddhas. Therefore it is called the Paramapâramitâ.

須菩提，忍辱波羅蜜，如來說非忍辱波羅蜜，是名忍辱波羅蜜。

'And, O Subhûti, the Pâramitâ or the highest perfection of endurance (kshânti) belonging to a Tathâgata, that also is no-Pâramitâ.

何以故？須菩提，如我昔為歌利王割截身體，我於爾時無我相、無人相、無眾生相、無壽者相。

And why? Because, O Subhûti, at the time when the king of Kalinga cut my flesh from every limb, I had no idea of a self, of a being, of a living being, or of a person; I had neither an idea nor no-idea.

何以故？我於往昔節節支解時，若有我相、人相、眾生相、壽者相，應生瞋恨。

And why? Because, O Subhûti, if I at that time had had an idea of a self, I should also have had an idea of malevolence. If I had had an idea of a being, or of a living being, or of a person, I should also have had an idea of malevolence.

須菩提，又念過去於五百世作忍辱仙人，

And why? Because, O Subhûti, I remember the past 500 births, when I was the Rishi Kshântivâdin (preacher of endurance).

於爾所世，無我相、無人相、無眾生相、無壽者相。

At that time also, I had no idea of a self, of a being, of a living being, of a person.

是故，須菩提，菩薩應離一切相，發阿耨多羅三藐三菩提心。

Therefore then, O Subhûti, a noble-minded Bodhisattva, after putting aside all ideas, should raise his mind to the highest perfect knowledge.

不應住色生心，不應住聲、香、味、觸、法生心，

He should frame his mind so as not to believe (depend) in form, sound, smell, taste, or anything that can be touched, in something (dharma), in nothing or anything.

應生無所住心。若心有住，則為非住。

And why? Because what is believed is not believed (not to be depended on).

是故佛說菩薩心，不應住色布施。

Therefore the Tathâgata preaches: "A gift should not be given by a Bodhisattva who believes in anything, it should not be given by one who believes in form, sound, smell, taste, or anything that can be touched."

須菩提，菩薩為利益一切眾生故，應如是布施。

'And again, O Subhûti, a Bodhisattva should in such wise give his gift for the benefit of all beings.

如來說：一切諸相，即是非相。

And why? Because, O Subhûti, the idea of a being is no-idea.

又說：一切眾生，即非眾生。

And those who are thus spoken of by the Tathâgata as all beings are indeed no-beings.

須菩提，如來是真語者、實語者、如語者、不誑語者、不異語者。

And why? Because, O Subhûti, a Tathâgata says what is real, says what is true, says the things as they are; a Tathâgata does not speak untruth.

須菩提，如來所得法，此法無實無虛。

'But again, O Subhûti, whatever doctrine has been perceived, taught, and meditated on by a Tathâgata, in it there is neither truth nor falsehood.

須菩提，若菩薩心住於法而行布施，如人入暗，即無所見；

And as a man who has entered the darkness would not see anything, thus a Bodhisattva is to be considered who is immersed in objects, and who being immersed in objects gives a gift.

若菩薩心不住法而行布施，如人有目，日光明照，見種種色。

But as a man who has eyes would, when the night becomes light, and the sun has risen, see many things, thus a Bodhisattva is to be considered who is not immersed in objects, and who not being immersed in objects gives a gift.

須菩提，當來之世，若有善男子、善女人，能於此經受持讀誦，

'And again, O Subhûti, if any sons or daughters of good families will learn this treatise of the Law, will remember, recite, and understand it, and fully explain it to others, they, O Subhûti, are known by the Tathâgata through his Buddha-knowledge,

即為如來以佛智慧，悉知是人，悉見是人，
they are seen, O Subhûti, by the Tathâgata through his Buddha-eye.

皆得成就無量無邊功德。」
All these beings, O Subhûti, will produce and hold fast an immeasurable and innumerable stock of merit.'

持經功德分第十五

「須菩提，若有善男子、善女人，初日分以恆河沙等身布施；中日分復以恆河沙等身布施；後日分亦以恆河沙等身布施，
'And if, O Subhûti, a woman or man sacrificed in the morning as many lives as there are grains of sand in the river Gangâ and did the same at noon and the same in the evening,

如是無量百千萬億劫，以身布施；
and if in this way they sacrificed their lives for a hundred thousands of niyutas of kotîs of ages,

若復有人，聞此經典，信心不逆，其福勝彼，
and if another, after hearing this treatise of the Law, should not oppose it, then the latter would on the strength of this produce a larger stock of merit, immeasurable and innumerable.

何況書寫、受持、讀誦、為人解說。
What should we say then of him who after having written it, learns it, remembers it, understands it, and fully explains it to others?

須菩提，以要言之，是經有不可思議、不可稱量無邊功德。

'And again, O Subhûti, this treatise of the Law is incomprehensible and incomparable.

如來為發大乘者說，為發最上乘者說。

And this treatise of the Law has been preached by the Tathâgata for the benefit of those beings who entered on the foremost path (the path that leads to Nirvâna), and who entered on the best path.

若有人能受持讀誦，廣為人說，

And those who will learn this treatise of the Law, who will remember it, recite it, understand it, and fully explain it to others,

如來悉知是人，悉見是人，

they are known, O Subhûti, by the Tathâgata through his Buddha-knowledge, they are seen, O Subhûti, by the Tathâgata through his Buddha-eye.

皆得成就不可量、不可稱、無有邊、不可思議功德。

All these beings, O Subhûti, will be endowed with an immeasurable stock of merit, they will be endowed with an incomprehensible, incomparable, immeasurable and unmeasured stock of merit.

如是人等，則為荷擔如來阿耨多羅三藐三菩提。

All these beings, O Subhûti, will equally remember the Bodhi (the highest Buddha-knowledge), will recite it, and understand it.

何以故？須菩提，若樂小法者，著我見、人見、眾生見、壽者見，則於此經，不能聽受讀誦，為人解說。

And why? Because it is not possible, O Subhûti, that this treatise of the Law should be heard by beings of little faith, by those who believe in self, in beings, in living beings, and in persons. It is impossible that this treatise of the Law should be heard by beings who have not acquired the knowledge of Bodhisattvas, or that it should be learned, remembered, recited, and understood by them. The thing is impossible.

須菩提，在在處處，若有此經，一切世間天、人、阿修羅，所應供養，當知此處，則為是塔，皆應恭敬，作禮圍繞，以諸華香而散其處。」

And again, O Subhûti, that part of the world in which this Sûtra will be propounded, will have to be honoured by the whole world of gods, men, and evil spirits, will have to be worshipped, and will become like a Kaitya (a holy sepulchre).'

能淨業障分第十六

「復次，須菩提，若善男子、善女人，受持讀誦此經，若為人輕賤，

'And, O Subhûti, sons or daughters of a good family who will learn these very Sûtras, who will remember them, recite them, understand them, thoroughly take them to heart, and fully explain them to others, they will be overcome, they will be greatly overcome.

是人先世罪業，應墮惡道，以今世人輕賤故，先世罪業即為消滅，當得阿耨多羅三藐三菩提。

And why? Because, O Subhûti, whatever evil deeds these beings have done in a former birth, deeds that must lead to suffering, those deeds these beings, owing to their being overcome, after they have seen the Law, will destroy, and they will obtain the knowledge of Buddha.

須菩提，我念過去無量阿僧祇劫，於然燈佛前，得值八百四千萬億那由他諸佛，悉皆供養承事，無空過者。

'I remember, O Subhûti, in the past, before innumerable and more than innumerable kalpas, there were eighty-four hundred thousands of niyutas of kotîs of Buddhas following after the venerable and fully enlightened Tathâgata Dîpankara, who were pleased by me, and after being pleased were not displeased.

若復有人，於後末世，能受持讀誦此經，所得功德，於我所供養諸佛功德，

And if, O Subhûti, these blessed Buddhas were pleased by me, and after being pleased were not displeased, and if on the other hand people at the last time, at the last moment, in the last 500 years, during the time of the decay of the good Law, will learn these very Sûtras, remember them, recite them, understand them, and fully explain them to others,

百分不及一，百千萬億分，乃至算數譬喻所不能及。

then, O Subhûti, in comparison with their stock of merit that former stock of merit will not come to one hundredth part, nay, not to one thousandth part, not to a hundred thousandth part, not to a ten millionth part, not to a hundred millionth part, not to a hundred thousand ten millionth part, not to a hundred thousands of niyutas ten millionth part. It will not bear number, nor fraction, nor counting, nor comparison, nor approach, nor analogy.

須菩提，若善男子、善女人，於後末世，有受持讀誦此經，所得功德，我若具說者，或有人聞，心則狂亂，狐疑不信。須菩提，當知是經義不可思議，果報亦不可思議。」

'And if, O Subhûti, I were to tell you the stock of merit of those sons or daughters of good families, and how large a stock of merit those sons or daughters of good families will produce, and hold fast at that time, people would become distracted and their thoughts would become bewildered. And again, O Subhûti, as this treatise of the Law preached by the Tathâgata is incomprehensible and incomparable, its rewards also must be expected (to be) incomprehensible.'

究竟無我分第十七

爾時，須菩提白佛言：「世尊，善男子、善女人，發阿耨多羅三藐三菩提心，云何應住？云何降伏其心？」

At that time the venerable Subhûti thus spoke to the Bhagavat: 'How should a person, after having entered on the path of the Bodhisattvas, behave, how should he advance, and how should he restrain his thoughts?'

佛告須菩提：「善男子、善女人，發阿耨多羅三藐三菩提心者，當生如是心：

Bhagavat said: 'He who has entered on the path of the Bodhisativas should thus frame his thought:

我應滅度一切眾生，滅度一切眾生已，而無有一眾生實滅度者。

All beings must be delivered by me in the perfect world of Nirvâna; and yet after I have thus delivered these beings, no being has been delivered.

何以故？須菩提，若菩薩有我相、人相、眾生相、壽者相，即非菩薩。

And why? Because, O Subhûti, if a Bodhisattva had any idea of beings, he could not be called a Bodhisattva, and so on from the idea of a living being to the idea of a person; if he had any such idea, he could not be called a Bodhisattva.

所以者何？須菩提，實無有法發阿耨多羅三藐三菩提心者。」

And why? Because, O Subhûti, there is no such thing (dharma) as one who has entered on the path of the Bodhisattvas.

「須菩提，於意云何？如來於燃燈佛所，有法得阿耨多羅三藐三菩提不？」

'What do you think, O Subhûti, is there anything which the Tathâgata has adopted from the Tathâgata Dîpankara with regard to the highest perfect knowledge?'

「不也，世尊。如我解佛所說義，佛於然燈佛所，無有法得阿耨多羅三藐三菩提。」

After this, the venerable Subhûti spoke thus to the Bhagavat: 'As far as I, O Bhagavat, understand the meaning of the preaching of the Bhagavat, there is nothing which has been adopted by the Tathâgata from the holy and fully enlightened Tathâgata Dîpankara with regard to the highest perfect knowledge.'

佛言：「如是，如是。須菩提，實無有法如來得阿耨多羅三藐三菩提。須菩提，若有法如來得阿耨多羅三藐三菩提者，然燈佛即不與我授記：『汝於來世當得作佛，號釋迦牟尼。』以實無有法得阿耨多羅三藐三菩提，是故然燈佛與我授記，作是言：『汝於來世，當得作佛，號釋迦牟尼。』

After this, Bhagavat thus spoke to the venerable Subhûti: 'So it is, Subhûti, so it is. There is not, O Subhûti, anything which has been adopted by the Tathâgata from the holy and fully enlightened Tathâgata Dîpankara with regard to the highest perfect knowledge. And if, O Subhûti, anything had been adopted by the Tathâgata, the Tathâgata Dîpankara would not have prophesied of me, saying: "Thou, O boy, wilt be in the future the holy and fully enlightened Tathâgata called Sâkyamuni." Because then, O Subhûti, there is nothing that has been adopted by the holy and fully enlightened Tathâgata with regard to the highest perfect knowledge, therefore I was prophesied by the Tathâgata Dîpankara, saying: "Thou, boy, wilt be in the future the holy and fully enlightened Tathâgata called Sâkyamuni."

何以故？如來者，即諸法如義。」

And why, O Subhûti, the name of Tathâgata? It expresses true suchness.

「若有人言：如來得阿耨多羅三藐三菩提。須菩提，實無有法佛得阿耨多羅三藐三菩提。

And why Tathâgata, O Subhûti? It expresses that he had no origin. And why Tathâgata, O Subhûti? It expresses the destruction of all qualities. And why Tathâgata, O Subhûti? It expresses one who had no origin whatever.

須菩提，如來所得阿耨多羅三藐三菩提，於是中無實無虛。

And why this? Because, O Subhûti, no-origin is the highest goal.

是故如來說：一切法皆是佛法。須菩提，所言一切法者，即非一切法，是故名一切法。

'And whosoever, O Subhûti, should say that, by the holy and fully enlightened Tathâgata, the highest perfect knowledge has been known, he would speak an untruth, and would slander me, O Subhûti, with some untruth that he has learned. And why? Because there is no such thing, O Subhûti, as has been known by the Tathâgata with regard to the highest perfect knowledge. And in that, O Subhûti, which has been known and taught by the Tathâgata, there is neither truth nor falsehood. Therefore the Tathâgata preaches: "All things are Buddha-things." And why? Because what was preached by the Tathâgata, O Subhûti, as all things, that was preached as no-things; and therefore all things are called Buddha-things.

須菩提，譬如人身長大。」
須菩提言：「世尊，如來說人身長大，即為非大身，是名大身。」

'Now, O Subhûti, a man might have a body and a large body.' The venerable Subhûti said: That man who was spoken of by the Tathâgata as a man with a body, with a large body, he, O Bhagavat, was spoken of by the Tathâgata as without a body, and therefore he is called a man with a body and with a large body.'

「須菩提，菩薩亦如是。若作是言：『我當滅度無量眾生。』即不名菩薩。何以故？須菩提，實無有法名為菩薩。

Bhagavat said: 'So it is, O Subhûti; and if a Bodhisattva were to say: "I shall deliver all beings," he ought not to be called a Bodhisattva. And why? Is there anything, O Subhûti, that is called a Bodhisattva?' Subhûti said: 'Not indeed, Bhagavat, there is nothing which is called a Bodhisattva.'

是故佛說：一切法無我、無人、無眾生、無壽者。

Bhagavat said: 'Those who were spoken of as beings, beings indeed, O Subhûti, they were spoken of as no-beings by the Tathâgata, and therefore they are called beings. Therefore the Tathâgata says: "All beings are without self all beings are without life, without manhood, without a personality."

須菩提，若菩薩作是言：『我當莊嚴佛土。』是不名菩薩。何以故？如來說莊嚴佛土者，即非莊嚴，是名莊嚴。

'If, O Subhûti, a Bodhisattva were to say: "I shall create numbers of worlds," he would say what is untrue. And why? Because, what were spoken of as numbers of worlds, numbers of worlds indeed, O Subhûti, these were spoken of as no-numbers by the Tathâgata, and therefore they are called numbers of worlds.

須菩提，若菩薩通達無我法者，如來說名真是菩薩。」

'A Bodhisattva, O Subhûti, who believes that all things are without self, that all things are without self, he has faith, he is called a noble-minded Bodhisattva by the holy and fully enlightened Tathâgata.'

一體同觀分第十八

「須菩提，於意云何？如來有肉眼不？」
「如是，世尊。如來有肉眼。」

Bhagavat said: 'What do you think, O Subhûti, has the Tathâgata the bodily eye?'

Subhûti said: 'So it is, O Bhagavat, the Tathâgata has the bodily eye.'

「須菩提，於意云何？如來有天眼不？」
「如是，世尊。如來有天眼。」

Bhagavat said: 'What do you think, O Subhûti, has the Tathâgata the heavenly eye?'

Subhûti said: 'So it is, O Bhagavat, the Tathâgata has the heavenly eye.'

「須菩提，於意云何？如來有慧眼不？」
「如是，世尊。如來有慧眼。」

Bhagavat said: 'What do you think, O Subhûti, has the Tathâgata the eye of knowledge?'

Subhûti said: 'So it is, O Bhagavat, the Tathâgata has the eye of knowledge.'

「須菩提，於意云何？如來有法眼不？」
「如是，世尊。如來有法眼。」

Bhagavat said: 'What do you think, O Subhûti, has the Tathâgata the eye of the Law?'

Subhûti said: 'So it is, O Bhagavat, the Tathâgata has the eye of the Law.'

「須菩提，於意云何？如來有佛眼不？」
「如是，世尊。如來有佛眼。」

Bhagavat said: 'What do you think, O Subhûti, has the Tathâgata the eye of Buddha?'
Subhûti said: 'So it is, O Bhagavat, the Tathâgata has the eye of Buddha.'

「須菩提，於意云何？如恆河中所有沙，佛說是沙不？」

Bhagavat said: 'What do you think, O Subhûti, as many grains of sand as there are in the great river Gangâ--were they preached by the Tathâgata as grains of sand?'

「如是，世尊。如來說是沙。」

Subhûti said: 'So it is, O Bhagavat, so it is, O Sugata, they were preached as grains of sand by the Tathâgata.'

「須菩提，於意云何？如一恆河中所有沙，有如是沙等恆河，是諸恆河所有沙數佛世界，如是寧為多不？」

Bhagavat said: 'What do you think, O Subhûti, if there were as many Gangâ rivers as there are grains of sand in the great river Gangâ; and, if there were as many worlds as there are grains of sand in these, would these worlds be many?'

「甚多，世尊。」

Subhûti said: 'So it is, O Bhagavat, so it is, O Sugata, these worlds would be many.'

佛告須菩提：「爾所國土中，所有眾生若干種心，如來悉知。

Bhagavat said: 'As many beings as there are in all those worlds, I know the manifold trains of thought of them all.

何以故？如來說諸心皆為非心，是名為心。所以者何？
And why? Because what was preached as the train of thoughts, the train of thoughts indeed, O Subhûti, that was preached by the Tathâgata as no-train of thoughts, and therefore it is called the train of thoughts. And why?

須菩提，過去心不可得，現在心不可得，未來心不可得。」
Because, O Subhûti, a past thought is not perceived, a future thought is not perceived, and the present thought is not perceived.'

法界通化分第十九

「須菩提，於意云何？若有人滿三千大千世界七寶，以用布施，是人以是因緣，得福多不？」
'What do you think, O Subhûti, if a son or a daughter of a good family should fill this sphere of a million millions of worlds with the seven treasures, and give it as a gift to holy and fully enlightened Buddhas, would that son or daughter of a good family produce on the strength of this a large stock of merit?'

「如是，世尊！此人以是因緣，得福甚多。」
Subhûti said: 'Yes, a large one.'

「須菩提，若福德有實，如來不說得福德多，以福德無故，如來說得福德多。」
Bhagavat said: 'So it is, Subhûti, so it is; that son or daughter of a good family would produce on the strength of this a large stock of merit, immeasurable and innumerable. And why?

Because what was preached as a stock of merit, a stock of merit indeed, O Subhûti, that was preached as no-stock of merit by the Tathâgata, and therefore it is called a stock of merit. If, O Subhûti, there existed a stock of merit, the Tathâgata would not have preached: "A stock of merit, a stock of merit indeed!"'

離色離相分第二十

「須菩提，於意云何？佛可以具足色身見不？」

'What do you think then, O Subhûti, is a Tathâgata to be seen (known) by the shape of his visible body?'

「不也，世尊。如來不應以具足色身見。

Subhûti said: 'Not indeed, O Bhagavat, a Tathâgata is not to be seen (known) by the shape of his visible body.

何以故？如來說具足色身，即非具足色身，是名具足色身。」

And why? Because, what was preached, O Bhagavat, as the shape of the visible body, the shape of the visible body indeed, that was preached by the Tathâgata as no-shape of the visible body, and therefore it is called the shape of the visible body.'

「須菩提，於意云何？如來可以具足諸相見不？」

Bhagavat said: 'What do you think, O Subhûti, should a Tathâgata be seen (known) by the possession of signs?'

「不也，世尊。如來不應以具足諸相見。

Subhûti said: 'Not indeed, O Bhagavat, a Tathâgata is not to be seen (known) by the possession of signs.

何以故？如來說諸相具足，即非具足，是名諸相具足。」
And why? Because, what was preached by the Tathâgata as the possession of signs, that was preached as no-possession of signs by the Tathâgata, and therefore it is called the possession of signs.'

非說所說分第二十一

「須菩提，汝勿謂如來作是念：『我當有所說法。』莫作是念！何以故？若人言如來有所說法，即為謗佛，不能解我所說故。
Bhagavat said: 'What do you think, O Subhûti, does the Tathâgata think in this wise: The Law has been taught by me?' Subhûti said: 'Not indeed, O Bhagavat, does the Tathâgata think in this wise: The Law has been taught by me.' Bhagavat said: 'If a man should say that the Law has been taught by the Tathâgata, he would say what is not true; he would slander me with untruth which he has learned.

須菩提，說法者，無法可說，是名說法。」
And why? Because, O Subhûti, it is said the teaching of the Law, the teaching of the Law indeed. O Subhûti, there is nothing that can be perceived by the name of the teaching of the Law.'

爾時，慧命須菩提白佛言：「世尊，頗有眾生，於未來世，聞說是法，生信心不？」
After this, the venerable Subhûti spoke thus to the Bhagavat: 'Forsooth, O Bhagavat, will there be any beings in the future, in the last time, in the last moment, in the last 500 years, during

the time of the decay of the good Law, who, when they have heard these very Laws, will believe?'

佛言：「須菩提，彼非眾生，非不眾生。

Bhagavat said: 'These, O Subhûti, are neither beings nor no-beings.

何以故？須菩提，眾生眾生者，如來說非眾生，是名眾生。」

And why? Because, O Subhûti, those who were preached as beings, beings indeed, they were preached as no-beings by the Tathâgata, and therefore they are called beings.'

無法可得分第二十二

須菩提白佛言：「世尊，佛得阿耨多羅三藐三菩提，為無所得耶？」

'What do you think then, O Subhûti, is there anything which has been known by the Tathâgata in the form of the highest perfect knowledge?'（編按：【菩提流支譯】佛言：「須菩提，於意云何？如來得阿耨多羅三藐三菩提耶？」）The venerable Subhûti said: 'Not indeed, O Bhagavat, there is nothing, O Bhagavat, that has been known by the Tathâgata in the form of the highest perfect knowledge.'

佛言：「如是，如是。須菩提，我於阿耨多羅三藐三菩提，乃至無有少法可得，是名阿耨多羅三藐三菩提。」

Bhagavat said: 'So it is, Subhûti, so it is. Even the smallest thing is not known or perceived there, therefore it is called the highest perfect knowledge.'

❖淨心善行分第二十三

「復次，須菩提，是法平等，無有高下，是名阿耨多羅三藐三菩提。

'Also, Subhûti, all is the same there, there is no difference there, and therefore it is called the highest perfect knowledge.

以無我、無人、無眾生、無壽者，修一切善法，即得阿耨多羅三藐三菩提。

Free from self, free from being, free from life, free from personality, that highest perfect knowledge is always the same, and thus known with all good things.

須菩提，所言善法者，如來說即非善法，是名善法。」

And why? Because, what were preached as good things, good things indeed, O Subhûti, they were preached as no-things by the Tathâgata, and therefore they are called good things.'

❖福智無比分第二十四

「須菩提，若三千大千世界中，所有諸須彌山王，如是等七寶聚，有人持用布施。

'And if, O Subhûti, a woman or man, putting together as many heaps of the seven treasures as there are Sumerus, kings of mountains, in the sphere of a million millions of worlds, should give them as a gift to holy and fully enlightened Tathâgatas;

若人以此般若波羅蜜經，乃至四句偈等，受持讀誦，為他人說，於前福德，百分不及一，百千萬億分，乃至算數譬喻所不能及。」

and, if a son or a daughter of a good family, after taking from this treatise of the Law, this Pragñâpâramitâ, one Gâthâ of four lines only, should teach it to others, then, O Subhûti, compared with his stock of merit, the former stock of merit would not come to the one hundredth part, etc., till 'it will not bear an approach.'

化無所化分第二十五

「須菩提，於意云何？汝等勿謂如來作是念：『我當度眾生。』須菩提，莫作是念！

'What do you think then, O Subhûti, does a Tathâgatas think in this wise: Beings have been delivered by me? You should not think so, O Subhûti.

何以故？實無有眾生如來度者。若有眾生如來度者，如來即有我、人、眾生、壽者。

And why? Because there is no being, O Subhûti, that has been delivered by the Tathâgata. And, if there were a being, O Subhûti, that has been delivered by the Tathâgatas, then the Tathâgata would believe in self, believe in a being, believe in a living being, and believe in a person.

須菩提，如來說有我者，即非有我，

And what is called a belief in self, O Subhûti, that is preached as no-belief by the Tathâgata.

而凡夫之人，以為有我。
And this is learned by children and ignorant persons; and they who were preached as children and ignorant persons,

須菩提，凡夫者，如來說即非凡夫，是名凡夫。」
O Subhûti, were preached as no-persons by the Tathâgata, and therefore they are called children and ignorant persons.'

法身非相分第二十六

「須菩提，於意云何？可以三十二相觀如來不？」
'What do you think then, O Subhûti, is the Tathâgata to be seen (known) by the possession of signs?'

須菩提言：「如是，如是。以三十二相觀如來。」
Subhûti said: 'Not indeed, O Bhagavat. So far as I know the meaning of the preaching of the Bhagavat, the Tathâgata is not to be seen (known) by the possession of signs.'

佛言：「須菩提，若以三十二相觀如來者，轉輪聖王即是如來。」
Bhagavat said: 'Good, good, Subhûti, so it is, Subhûti; so it is, as you say; a Tathâgata is not to be seen (known) by the possession of signs. And why? Because, O Subhûti, if the Tathâgata were to be seen (known) by the possession of signs, a wheel-turning king also would be a Tathâgata; therefore a Tathâgata is not to be seen (known) by the possession of signs.'

須菩提白佛言：「世尊，如我解佛所說義，不應以三十二相觀如來。」

The venerable Subhûti spoke thus to the Bhagavat: 'As I understand the meaning of the preaching of the Bhagavat, a Tathâgata is not to be seen (known) by the possession of signs.'

爾時，世尊而說偈言：
「若以色見我，以音聲求我，是人行邪道，不能見如來。」

Then the Bhagavat at that moment preached these two Gâthâs:
They who saw me by form, and they who heard me by sound,
They engaged in false endeavours, will not see me.
A Buddha is to be seen (known) from the Law; for the Lords (Buddhas) have the Law-body;
And the nature of the Law cannot be understood, nor can it be made to be understood.

無斷無滅分第二十七

「須菩提，汝若作是念：『如來不以具足相故，得阿耨多羅三藐三菩提。』

What do you think then, O Subhûti, has the highest perfect knowledge been known by the Tathâgata through the possession of signs?

須菩提，莫作是念：『如來不以具足相故，得阿耨多羅三藐三菩提。』

'You should not think so, O Subhûti. And why? Because, O Subhûti, the highest perfect knowledge would not be known by the Tathâgata through the possession of signs.

須菩提，汝若作是念：『發阿耨多羅三藐三菩提心者，說諸法斷滅。』莫作是念。何以故？發阿耨多羅三藐三菩提心者，於法不說斷滅相。」

Nor should anybody, O Subhûti, say to you that the destruction or annihilation of any thing is proclaimed by those who have entered on the path of the Bodhisattvas.'

不受不貪分第二十八

「須菩提，若菩薩以滿恆河沙等世界七寶，持用布施。

'And if, O Subhûti, a son or a daughter of a good family were to fill worlds equal to the number of grains of sand of the river Gangâ with the seven treasures, and give them as a gift to holy and fully enlightened Tathâgatas;

若復有人，知一切法無我，得成於忍。此菩薩勝前菩薩所得功德。

and if a Bodhisattva acquired endurance in selfless and uncreated things, then the latter will on the strength of this produce a larger stock of merit, immeasurable and innumerable.

何以故？須菩提，以諸菩薩不受福德故。」

'But, O Subhûti, a stock of merit should not be appropriated by a noble-minded Bodhisattva.'

須菩提白佛言：「世尊，云何菩薩不受福德？」

The venerable Subhûti said: 'Should a stock of merit, O Bhagavat, not be appropriated by a Bodhisattva?'

「須菩提，菩薩所作福德，不應貪著，是故說不受福德。」

Bhagavat said: 'It should be appropriated, O Subhûti; it should not be appropriated; and therefore it is said: It should be appropriated.'

威儀寂靜分第二十九

「須菩提，若有人言：『如來若來、若去、若坐、若臥。』是人不解我所說義。

'And again, O Subhûti, if anybody were to say that the Tathâgata goes, or comes, or stands, or sits, or lies down, he, O Subhûti, does not understand the meaning of my preaching.

何以故？如來者，無所從來，亦無所去，故名如來。」

And why? Because the word Tathâgata means one who does not go to anywhere, and does not come from anywhere; and therefore he is called the Tathâgata (truly come), holy and fully enlightened.'

一合理相分第三十

「須菩提，若善男子、善女人，以三千大千世界碎為微塵。

'And again, O Subhûti, if a son or a daughter of a good family were to take as many worlds as there are grains of earth-dust in this sphere of a million millions of worlds, and reduce them to such fine dust as can be made with immeasurable strength, like what is called a mass of the smallest atoms,

於意云何？是微塵眾寧為多不？」
do you think, O Subhûti, would that be a mass of many atoms?'

須菩提言：「甚多，世尊。
Subhûti said: 'Yes, Bhagavat, yes, Sugata, that would be a mass of many atoms.

何以故？若是微塵眾實有者，佛即不說是微塵眾。
And why? Because, O Bhagavat, if it were a mass of many atoms, Bhagavat would not call it a mass of many atoms.

所以者何？佛說：微塵眾，即非微塵眾，是名微塵眾。
And why? Because, what was preached as a mass of many atoms by the Tathâgata, that was preached as no-mass of atoms by the Tathâgata; and therefore it is called a mass of many atoms.

世尊，如來所說三千大千世界，即非世界，是名世界。
And what was preached by the Tathâgata as the sphere of a million millions of worlds, that was preached by the Tathâgata as no-sphere of worlds; and therefore it is called the sphere of a million millions of worlds.

何以故？若世界實有，即是一合相。如來說一合相，即非一合相，是名一合相。」
And why? Because, O Bhagavat, if there were a sphere of worlds, there would exist a belief in matter; and what was preached as a belief in matter by the Tathâgata, that was preached as no-belief by the Tathâgata; and therefore it is called a belief in matter.'

「須菩提，一合相者，即是不可說，但凡夫之人，貪著其事。」

Bhagavat said: 'And a belief in matter itself, O Subhûti, is unmentionable and inexpressible; it is neither a thing nor nothing, and this is known by children and ignorant persons.'

知見不生分第三十一

「須菩提，若人言：『佛說我見、人見、眾生見、壽者見。』須菩提，於意云何？是人解我所說義不？」

'And why? Because, O Subhûti, if a man were to say that belief in self, belief in a being, belief in life, belief in personality had been preached by the Tathâgata, would he be speaking truly?'

「不也，世尊。是人不解如來所說義。

Subhûti said: 'Not indeed, Bhagavat, not indeed, Sugata; he would not be speaking truly.

何以故？世尊說我見、人見、眾生見、壽者見，即非我見、人見、眾生見、壽者見，是名我見、人見、眾生見、壽者見。」

And why? Because, O Bhagavat, what was preached by the Tathâgata as a belief in self, that was preached by the Tathâgata as no-belief; therefore it is called belief in self.'

「須菩提！發阿耨多羅三藐三菩提心者，於一切法，應如是知、如是見、如是信解，不生法相。

Bhagavat said: 'Thus then, O Subhûti, are all things to be perceived, to be looked upon, and to be believed by one who has entered on the path of the Bodhisattvas. And in this wise are they to be perceived, to be looked upon, and to be believed, that a man should believe neither in the idea of a thing nor in the idea of a no-thing.

須菩提，所言法相者，如來說即非法相，是名法相。」

And why? Because, by saying: The idea of a thing, the idea of a thing indeed, it has been preached by the Tathâgata as no-idea of a thing.'

應化非眞分第三十二

「須菩提，若有人以滿無量阿僧祇世界七寶，持用布施。

'And, O Subhûti, if a noble-minded Bodhisattva were to fill immeasurable and innumerable spheres of worlds with the seven treasures, and give them as a gift to holy and fully enlightened Tathâgatas;

若有善男子、善女人，發菩提心者，持於此經，乃至四句偈等，受持讀誦，為人演說，其福勝彼。

and if a son or a daughter of a good family, after taking from this treatise of the Law, this Pragñâpâramitâ, one Gâthâ of four lines only, should learn it, repeat it, understand it, and fully explain it to others, then the latter would on the strength of this produce a larger stock of merit, immeasurable and innumerable.

云何為人演說？不取於相，如如不動。何以故？

And how should he explain it? As in the sky:

一切有為法，如夢、幻、泡、影，如露亦如電，應作如是觀。」

Stars, darkness, a lamp, a phantom, dew, a bubble.

A dream, a flash of lightning, and a cloud--thus we should look upon the world (all that was made).

Thus he should explain; therefore it is said: He should explain.'

佛說是經已，長老須菩提，及諸比丘、比丘尼、優婆塞、優婆夷，一切世間天、人、阿修羅，聞佛所說，皆大歡喜，信受奉行。

Thus spoke the Bhagavat enraptured. The elder Subhûti, and the friars, nuns, the faithful laymen and women, and the Bodhisattvas also, and the whole world of gods, men, evil spirits and fairies, praised the preaching of the Bhagavat.

國家圖書館出版品預行編目資料

新刊金剛經百家集註大成／明成祖永樂皇帝 編. -- 初版. --
臺北市：商周出版：家庭傳媒城邦分公司發行，民104.06
面：　公分. --（人與宗教）
ISBN 978-986-272-803-1（精裝）
221.44　　104007408

新刊金剛經百家集註大成

編　　者／明成祖永樂皇帝
導　　讀／巴麥欽哲仁波切・黃英傑
語譯註釋／商周編輯部
責任編輯／陳名珉、楊如玉

版　　權／翁靜如
行銷業務／李衍逸、黃崇華
總 編 輯／楊如玉
總 經 理／彭之琬
發 行 人／何飛鵬
法律顧問／台英國際商務法律事務所　羅明通律師
出　　版／商周出版
城邦文化事業股份有限公司
台北市民生東路二段 141 號 9 樓
電話：(02) 25007008　傳真：(02) 25007759
Blog：http://bwp25007008.pixnet.net/blog
E-mail：bwp.service@cite.com.tw
發　　行／英屬蓋曼群島商家庭傳媒股份有限公司城邦分公司
台北市民生東路二段 141 號 2 樓
書虫客服服務專線：(02) 25007718、(02) 25007719
服務時間：週一至週五上午09:30-12:00；下午13:30-17:00
24 小時傳真專線：(02) 25001990、(02) 25001991
劃撥帳號：19863813；戶名：書虫股份有限公司
讀者服務信箱：service@readingclub.com.tw
城邦讀書花園：www.cite.com.tw
香港發行所／城邦（香港）出版集團有限公司
香港灣仔駱克道193號東超商業中心1樓
E-mail：hkcite@biznetvigator.com
電話：(852)25086231　傳真：(852) 25789337
馬新發行所／城邦（馬新）出版集團【Cité (M) Sdn. Bhd.】
41, Jalan Radin Anum, Bandar Baru Sri Petaling,
57000 Kuala Lumpur, Malaysia.
Tel: (603) 90578822　Fax:(603) 90576622
email:cite@cite.com.my

封面設計／王小美
版型設計／蔡雅玲
排　　版／新鑫電腦排版工作室
印　　刷／韋懋實業有限公司
總 經 銷／高見文化行銷股份有限公司
電話：(02) 26689005　傳真：(02) 26689790
客服專線：0800-055-365

■ 2015 年（民104）6月9日初版
■ 2021 年（民110）4月22日初版2.8刷
Printed in Taiwan

城邦讀書花園 www.cite.com.tw

定價400元
All Rights Reserved,

著作權所有，翻印必究 ISBN　978-986-272-803-1

商周出版

廣 告 回
北區郵政管理登記
台北廣字第000791
郵資已付，免貼郵

104台北市民生東路二段141號2樓

英屬蓋曼群島商家庭傳媒股份有限公司　城邦分公司

請沿虛線對摺，謝謝！

商周出版

書號：BR0045C　**書名：**新刊金剛經百家集註大成　**編碼：**

商周出版

讀者回函卡

感謝您購買我們出版的書籍！請費心填寫此回函卡，我們將不定期寄上城邦集團最新的出版訊息。

不定期好禮相贈！
立即加入：商周出版
Facebook 粉絲團

姓名：________________ 性別：☐男 ☐女

生日：西元________年________月________日

地址：________________

聯絡電話：________________ 傳真：________________

E-mail ：

學歷：☐ 1. 小學 ☐ 2. 國中 ☐ 3. 高中 ☐ 4. 大學 ☐ 5. 研究所以上

職業：☐ 1. 學生 ☐ 2. 軍公教 ☐ 3. 服務 ☐ 4. 金融 ☐ 5. 製造 ☐ 6. 資訊
☐ 7. 傳播 ☐ 8. 自由業 ☐ 9. 農漁牧 ☐ 10. 家管 ☐ 11. 退休
☐ 12. 其他________________

您從何種方式得知本書消息？

☐ 1. 書店 ☐ 2. 網路 ☐ 3. 報紙 ☐ 4. 雜誌 ☐ 5. 廣播 ☐ 6. 電視
☐ 7. 親友推薦 ☐ 8. 其他________________

您通常以何種方式購書？

☐ 1. 書店 ☐ 2. 網路 ☐ 3. 傳真訂購 ☐ 4. 郵局劃撥 ☐ 5. 其他________

您喜歡閱讀那些類別的書籍？

☐ 1. 財經商業 ☐ 2. 自然科學 ☐ 3. 歷史 ☐ 4. 法律 ☐ 5. 文學
☐ 6. 休閒旅遊 ☐ 7. 小說 ☐ 8. 人物傳記 ☐ 9. 生活、勵志 ☐ 10. 其他

對我們的建議：________________
____
____

【為提供訂購、行銷、客戶管理或其他合於營業登記項目或章程所定業務之目的，城邦出版人集團（即英屬蓋曼群島商家庭傳媒（股）公司城邦分公司、城邦文化事業（股）公司），於本集團之營運期間及地區內，將以電郵、傳真、電話、簡訊、郵寄或其他公告方式利用您提供之資料（資料類別：C001、C002、C003、C011 等）。利用對象除本集團外，亦可能包括相關服務的協力機構。如您有依個資法第三條或其他需服務之處，得致電本公司客服中心電話 02-25007718 請求協助。相關資料如為非必要項目，不提供亦不影響您的權益。】

1.C001 辨識個人者：如消費者之姓名、地址、電話、電子郵件等資訊。
2.C002 辨識財務者：如信用卡或轉帳帳戶資訊。
3.C003 政府資料中之辨識者：如身分證字號或護照號碼（外國人）。
4.C011 個人描述：如性別、國籍、出生年月日。

請於此處用膠水黏貼